Foreign Copyright:
Joonwon Lee
Address: 10, Simhaksan-ro, Seopae-dong, Paju-si, Kyunggi-do,
        Korea
Telephone: 82-2-3142-4151
E-mail: jwlee@cyber.co.kr

웬만한 여행영어 단어로 통한다

2010년 10월 11일 초판 1쇄 발행
2019년 1월 11일 초판 9쇄 발행

지은이 | 이지은, 정채원
펴낸이 | 이종춘
펴낸곳 | 성안당
주 소 | 04032 서울시 마포구 양화로 127 첨단빌딩 5층(출판기획 R&D 센터)
         | 10881 경기도 파주시 문발로 112 출판문화정보산업단지(제작 및 물류)
전 화 | 02) 3142-0036
         | 031) 950-6300
팩 스 | 031-955-0510
등 록 | 1973. 2. 1. 제406-2005-000046호
홈페이지 | www.cyber.co.kr
내용문의 | 031-950-6300

ISBN 978-89-315-1860-3 13740
정가 10,000원

이 책을 만든 사람들
책 임 | 최옥현
기 획 | 장충섭
디자인 | CLIP design
홍 보 | 정가현
국제부 | 이선민, 조혜란, 김혜숙
마케팅 | 구본철, 차정욱, 나진호, 이동후, 강호묵
제 작 | 김유석

Copyright ⓒ 2010~2019 by Sung An Dang, Inc. All rights reserved.
First edition printed in Korea.

이 책의 어느 부분도 저작권자나 성안당 발행인의 승인 문서 없이 일부 또는 전부를 사진 복사나 디스크 복사 및 기타 정보 재생 시스템을 비롯하여 현재 알려지거나 향후 발명될 어떤 전기적, 기계적 또는 다른 수단을 통해 복사, 재생하거나 이용할 수 없습니다.

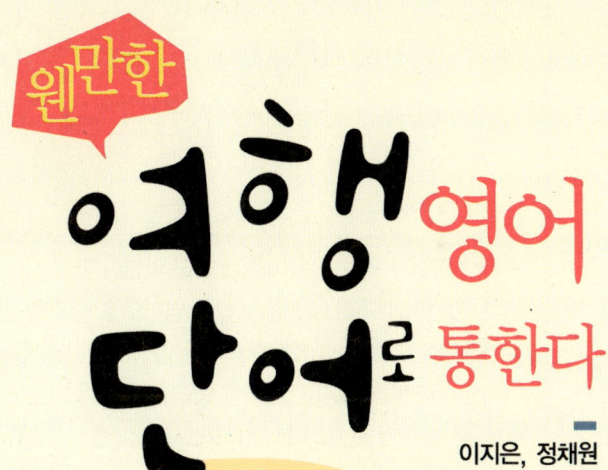

웬만한 여행 영어 단어로 통한다

이지은, 정채원

camera

Communicate using simple words!

영어 때문에 기죽는 해외여행은 그만!
단어로 통하는 자신만만 여행영어!

shoes

sunglasses

passport

dictionary

English Factory

Introduction
머리말

우리는 영어가 세계 공용어라고 해도 과언이 아닌 시대에 살고 있습니다. 자국어에 대한 자존심이 강해 영어로 말을 걸면 알아들어도 모르는 척 했던 프랑스에서조차 이제는 영어로 의사소통이 가능하니 말이지요. 우리나라에서도 서투른 영어로 길을 물어보는 외국인을 한 번쯤 본 적이 있을 겁니다. 그야말로 국경이 없는 오늘날의 지구촌에서는 세계 어느 곳을 여행하든 영어는 선택이 아닌 필수가 되었죠.

하지만 이런 영어를 어렵게 생각할 필요가 전혀 없답니다. 특히 관광을 목적으로 할 때는 말이에요. 영어를 잘 한다는 것은 어려운 단어를 써서 어렵게 얘기하는 것이 아닌 쉬운 단어로 자신이 하고자 하는 말을 효과적으로 전달하는 것입니다. 〈웬만한 여행영어 단어로 통한다〉는 최소한의 단어로 쉽게 얼마든지 필요한 말을 할 수 있게 여러분을 도와 드릴 겁니다. 더 나아가 상대방이 긴 문장으로 말을 걸어오더라고 이해할 수 있도록, 꼭 필요한 부분만을 짚어 드릴 겁니다.

숙박이나 교통 편을 알아볼 때, 쇼핑, 관광 등 여행을 즐길 때, 때로 응급상황이나 문제가 발생했을 때도 〈웬만한 여행영어 단어로 통한다〉를 펼치세요. 여러분이 원하는 쉽고 간단한 표현이 여기 있습니다. 또한 책 곳곳에서 만날 수 있는 문화, 여행 팁과 단어장이 여러분의 여행을 더욱 다채롭고 편하게 만들어 드릴 겁니다.

이제 이 책과 함께 해외여행을 떠나 볼까요? 음식을 주문할 때, 길을 물을 때, 이제 자신 있게 영어로 말해 봅시다. 어떤 상황에 맞닥뜨리든 걱정하지 마세요. 여러분의 손에는 여행영어의 쉽고 든든한 길잡이 〈웬만한 여행영어 단어로 통한다〉가 있으니까요.

About This Book
이 책의 활용 방법

Words
통하는 단어

현지에서 바로 통하는 말들을 간단명료한 한마디로 제시했습니다. 좀 더 세련되게 말하고 싶다면 함께 제시되어 있는 완전한 문장을 활용해도 좋겠지요.

Patterns
통하는 패턴

상황 별로 유용하게 활용할 수 있는 구문을 제시해, 필요한 어구만 바꿔서 바로 쓸 수 있도록 구성했습니다.

Dialogues
통하는 대화

통하는 단어와 통하는 패턴의 내용이 실제 대화에서 어떻게 쓰이는지 생생한 대화 상황으로 먼저 경험할 수 있도록 했습니다.

Expressions
필수 표현 모음

상황 별로 꼭 필요한 표현을 '이런 말을 듣게 돼요!'와 '이렇게 말해 보세요!'로 나누어 제시하고 있어, 쉽게 활용할 수 있도록 했습니다.

Useful Words
유용한 단어 모음

상황 별로 꼭 필요한 단어를 모아 두었습니다. 제시된 단어를 '한마디'로 표현해 자신 있게 대화에 도전해 봅시다. '통하는 패턴'에 단어를 넣어 활용해도 좋겠지요.

Tips
유용한 해외여행 팁

해외여행에 도움이 되는 다양한 정보를 담고 있습니다. 유용한 해외여행 길잡이가 되어 줄 겁니다.

Contents
목차

Section 1
떠나기 전에 반드시 확인하세요!

1	여권 Passport	012
2	비자 Visa	013
3	항공권 Air Ticket	015
4	숙소 Accommodation	016
5	교통 Transportation	018
6	기타 필요한 물품 Necessity	020
7	환전 Money Exchange	021
8	짐 싸기 Packing	022
9	면세점 쇼핑 Duty Free Shopping	024
10	나라별 주의점 Culture	025
11	나라별 팁 문화 Culture	026
12	긴급 연락처 Useful Numbers	027

Section 2
자, 이제 출발!

1	기내에서 In the Airplane	030
2	공항에서 In the Airport	050
3	숙소에서 In the Hotel	072
4	교통편 이용하기 Transportation	096
5	관광하기 Touring	124
6	쇼핑하기 Shopping	146
7	식사하기 Eating Out	174
8	현지인과 대화하기 Socializing	196
9	공공·편의시설 이용하기 Using Facilities	214
10	귀국하기 Homecoming	232
11	돌발 상황 Emergency	248
▶	주요 도시 지하철 노선도 Subway Map	266

Section 1

**떠나기 전에
반드시 확인하세요!**

1 여권 Passport
2 비자 Visa
3 항공권 Air Ticket
4 숙소 Accommodation
5 교통 Transportation
6 기타 필요한 물품 Necessity
7 환전 Money Exchange
8 짐 싸기 Packing
9 면세점 쇼핑 Duty Free Shopping
10 나라별 주의점 Culture
11 나라별 팁 문화 Culture
12 긴급 연락처 Useful Numbers

Passport
1. 여권

여권의 종류
1. 일반여권, 복수여권, 단수여권
2. 거주여권
3. 관용여권
4. 외교관여권

구비서류
여권발급신청서, 여권용 사진 1매 (긴급 사진 부착식 여권 신청 시에는 2매), 신분증
18세 이상 35세 이하 남자의 경우 (군 미필자 및 군복무를 마치지 아니한 자)는 국외여행허가서 (25세 이상 35세 이하), 기타 병역 관계 서류가 필요합니다.

발급 수수료

종류	구분			수수료	
				국내	재외공관
전자여권	복수여권 (거주여권 포함)	5년	5년 초과 10년 이내	55,000원	55달러
			만8세 이상	47,000원	47달러
			만8세 미만	35,000원	35달러
		5년 미만 (여권법 시행령 제6조 제2항 2,3,4호에 해당되는 경우)		15,000원	15달러
	단수여권	1년 이내		20,000원	20달러

발급 절차
신청서 작성 (신청서 다운로드) → 접수 (발급기관 확인) → 신원조사 확인 → 각 지방 경찰청 (정보과신원반) → 결과 회보 → 여권서류심사 → 여권제작 → 여권교부

여권사진
가로 3.5cm, 세로 4.5cm인 6개월 이내에 촬영한 천연색 상반신 정면 탈모사진으로, 얼굴의 길이가 2.5cm~3.5cm이어야 하고 바탕색은 흰색이어야 합니다.

여권의 유효기간연장
(종전의 일반여권의 유효기간 연장에 대한 경과조치)-2008.6.28 이전 발급된 복수 일반여권의 유효기간이 10년 미만인 경우에는 종전의 규정에 따라 최초 발급일부터 10년이 되는 날까지 유효기간을 연장할 수 있습니다. 이 경우 유효기간 연장신청은 여권의 유효기간 만료 전 1년부터 만료 후 1년까지의 기간 내에 하여야 합니다.

Visa
2. 비자

비자란?

출국하고자 하는 상대 국가에서 입국을 허가해 주는 증명서입니다.

여행계획을 세우고 방문하고자 하는 국가가 결정되면 방문하고자 하는 나라에서 비자를 필요로 하는지를 확인해야 합니다. 비자가 필요한 국가 중에는 방문 목적에 따라 체류기간과 요구하는 구비서류가 다를 수 있습니다. 최근 우리나라는 많은 나라들과 비자 면제 협정을 맺고 있으며, 이들 국가들은 단기간의 여행 시 비자가 필요치 않지만 허용하는 기간을 초과하여 체류할 때에는 반드시 체류목적에 맞는 비자를 발급받아야 합니다. 비자에는 입국 종류, 목적, 체류기간 등이 명시되어 있으며 여권의 사증란에 스탬프나 스티커를 붙여 발급합니다.

한국인의 무사증 입국이 가능한 나라

구분	가능한 나라
아시아	통티모르(외교·관용), 마카오(90일), 라오스(15일), 몽골(최근 2년 이내 4회, 통산 10회 이상 입국자에 한함), 베트남(15일), 브루나이, 인도네시아(외교·관용/14일), 일본(90일), 대만, 필리핀(21일)
아메리카	미국(90일), 캐나다(6개월), 가이아나, 아르헨티나(90일), 에콰도르(90일), 온두라스(90일), 우루과이, 파라과이, 북마리아나연방(1개월)
유럽	사이프러스(90일), 산마리노(9일), 세르비아(90일), 모나코(90일), 몬테네그로(90일), 슬로베니아(90일), 쉥겐국, 크로아티아(90일), 안도라(90일), 보스니아·헤르체고비나(90일), 우크라이나(90일), 그루지야(90일), 코소보(90일), 마케도니아(1년 중 누적 90일), 알바니아(90일), 영국(최대 6개월), EU 국가(90일)
오세아니아	괌(15일/VWP 90일), 바누아투(1년 내 120일), 사모아(60일), 솔로몬군도(1년 내 90일), 통가, 팔라우, 피지(4개월), 마샬군도, 키리바시, 마이크로네시아, 투발루
아프리카·중동	남아프리카공화국, 모리셔스(16일), 세이쉘, 오만, 스와질랜드(60일), 보츠와나(90일)

미국비자

2008년 11월 17일부터 한국이 미국 비자면제 프로그램에 가입되었습니다. 만약 미국 입국 목적에 맞는 유효한 비자를 소지하고 계시다면 비자면제 프로그램을 이용하지 않고도 미국여행을 하실 수 있습니다. 비자면제 프로그램을 이용해서 미국 방문을 계획하시는 여행자들은 아래 조건들을 모두 충족하셔야 합니다.

- 단기 출장/관광의 목적으로 방문
- 유효한 전자여권 소지
- 등록된 항공/선박을 이용하고 왕복항공권 또는 미국 경유 시 최종 목적지 항공권 소지
- 미국 입국일로부터 90일 이내에 출국

- 전자여행허가(ESTA) 승인

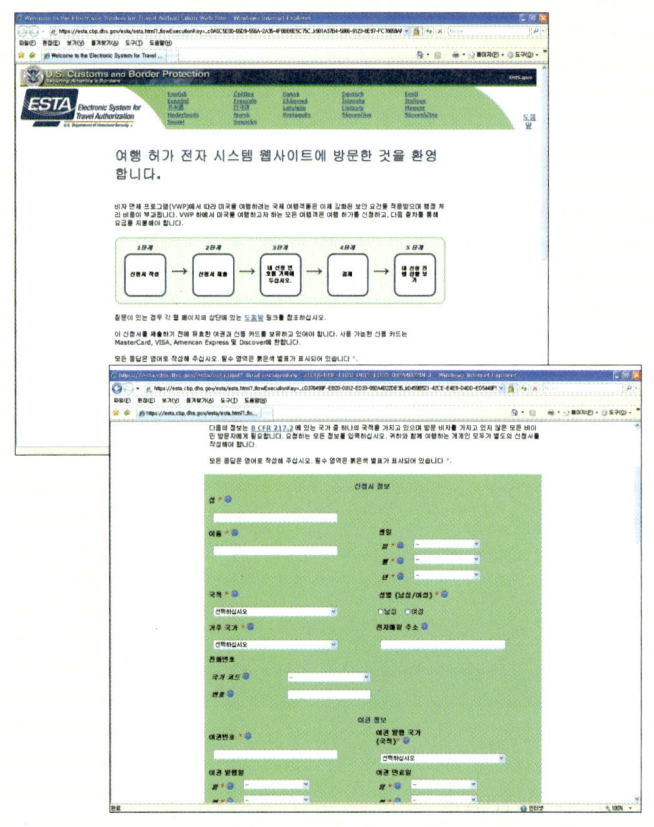

비자면제 프로그램을 이용하기 위해서는 전자여행허가(ESTA) 홈페이지(https://esta.cbp.dhs.gov)에서 온라인 신청서를 작성 후 승인을 받으셔야 합니다. 전자여행허가(ESTA) 신청서 상에는 미국 입국 시 작성하는 출입국 카드(I-94W) 양식에 기재되는 동일한 내용을 기재하시는 것입니다. 전자여행허가(ESTA) 신청은 미국 여행 전 언제든지 가능하지만 최소한 미국 출발 72시간 전에 신청을 하시길 권장합니다. 전자여행허가(ESTA) 승인을 받지 못한 분들은 미국대사관에서 비자 신청을 하셔야 합니다.

Air Ticket
3. 항공권

스마트한 항공권 구매 팁!

1. 항공사 홈페이지를 공략하라
항공사 홈페이지에 가면 할인 항공권이라고 해서 저렴하게 내놓은 할인 항공권이 있습니다. 출발 날짜가 임박하고 여정이 짧으며 예약 변경에 제약이 있는 것이 흠이지만 저렴해서 갑자기 여행을 떠나고 싶거나 갑자기 여행을 가게 됐을 경우 이용할 만합니다.

2. 공동구매를 적극 활용하라
여행사 홈페이지나 인터넷 게시판 그리고 커뮤니티 등에서 공동구매 항공권을 10~50% 저렴한 가격에 구매할 수 있습니다. 단 가격이 싼 대신 제약이 있을 수 있으니 반드시 확인해 봐야 합니다.

3. 미리미리 예약하기
요즘 미리 예약하면 할인을 많이 해 주는 항공사와 여행사들이 많습니다. 최근에는 "땡처리 항공권"이라고 해서 여행사에서 패키지 상품으로 판매하다가 남은 자리를 저렴하게 판매하는 상품도 있습니다. 성수기에는 한 두 달 전에 표를 구하려고 하면 모두 매진되는 사례가 많습니다. 따라서 미리 예약을 해 두는 것이 저렴한 비용으로 예약을 잘 하는 방법입니다.

4. 항공 마일리지와 항공카드 이용하기
항공사마다 할인되는 카드와 마일리지 적립이 되는 카드가 있습니다. 예약하기 전에 할인되는 카드가 어떤 것이 있는지 확인하고 마일리지 적립을 받아서 추후에 보너스 항공권을 이용할 수 있도록 하는 것이 좋겠지요.

5. 인터넷을 뒤져라
싼 물건을 사려면 발품을 팔아야 하듯이 더욱 저렴한 항공권을 찾기 위해서는 인터넷을 뒤져야 합니다. 요즘은 항공권 가격 비교 사이트도 있으니 참고하면 유용합니다.

Accommodation
4. 숙소

스마트한 숙소 예약 팁!

1. 미리미리 예약하기
항공권처럼 숙소도 미리 예약하면 할인을 받을 수 있습니다. 미리 예약할수록 할인 폭이 커지는 곳이 많으니 항공권 예약이 완료되면 바로 숙소잡기에 들어가는 것이 좋습니다.

2. 항공사와 연계된 상품 찾기
요즘은 항공사에서 내 놓는 상품 중에 항공권과 연계된 에어텔 상품이 많습니다. 싱가포르 항공의 SIA Holidays와 캐세이퍼시픽 항공의 비지트 홍콩 에어텔, 홍콩 수퍼시티 에어텔 상품이 대표적입니다. 이런 에어텔 상품은 항공권과 숙박을 따로 예약하는 것보다 저렴한 경우가 많으니 꼼꼼하게 체크하고 가격을 비교해서 선택해야 합니다.

3. 호텔이나 리조트에 직접 문의하기
예약하고자 하는 호텔이나 리조트에 방문 날짜에 진행되는 프로모션이 있는지 그리고 추가 할인이 가능한지 여부를 직접 메일이나 전화로 문의하면 해당 숙박시설에서 진행하는 프로모션을 놓치지 않을 수 있습니다.

4. 카우치 서핑
'소파를 찾다'라는 의미인 카우치 서핑은 다른 이의 집에서 소파를 빌려 말 그래도 공짜로 숙박을 하는 것을 말합니다. 이는 숙박 비용을 최대한 줄이려는 배낭여행자들에게 인기가 있습니다. 비영리 단체인 카우치 서핑 홈페이지 www.couchsurfing.com 에서 가입하고 소파를 제공해 주는 호스트를 찾으면 됩니다. 가입은 무료이고 소파를 제공하는 것이 의무사항은 아닙니다. 하지만 이를 이용할 때는 특  히 이용자들의 후기를 꼼꼼하게 살펴 봐야 합니다. 개인의 커뮤니티이기 때문에 직접 갔다 온 사람의 평가 외에는 특별한 검증 방법이 없기 때문입니다.

5. Last minute 상품 찾기

인터넷을 서핑하면 last minute 상품을 찾을 수 있습니다. 다소 시간이 걸리고 인터넷에서 발품을 팔아야 하지만 운이 좋으면 최대 70-80% 할인된 가격에 호텔을 예약할 수 있습니다. www.ratestogo.com, www.booking.com, www.lastminute.com 등과 같은 사이트를 뒤지면 운 좋게 아주 저렴한 가격에 숙박시설을 예약할 수 있을 것입니다.

6. 유스호스텔 이용하기

유럽과 일본과 같은 경우 유스호스텔 시설도 잘 되어 있고 교통도 편리해서 배낭여행객은 이용할 만합니다. 유스호스텔 예약사이트 별로 예약 수수료를 지불하는 곳도 있고 전체 숙소비의 10%만 선금으로 지불하는 곳도 있으니 꼼꼼히 체크하는 것이 좋겠지요. www.hostelbookers.com, www.hostels.com, www.hihostels.com에 가서 인터넷으로 예약을 해도 되고, 가고자 하는 유스호스텔에 직접 전화해도 됩니다. 보통 유스호스텔은 도미토리, 싱글룸, 더블룸으로 나눠져 있습니다. 도미토리는 주로 한 방에 6명 정도가 같이 자는 것이고 싱글룸은 한 명, 더블룸은 한 방에 두 명이 같이 자는 것입니다. 도미토리는 침대 하나 값을 지불하고 싱글룸과 더블룸은 방 단위로 계산합니다. 도미토리는 여성과 남성이 따로 나눠져 있는 경우도 있으나 같이 사용하는 곳도 있으니 한 번 더 확인하는 것이 좋습니다.

Transportation
5. 교통

유레일패스

유레일 패스는 유럽 국가들의 국유철도를 정해진 기간 동안 횟수에 상관없이 무제한 이용할 수 있는 승차권입니다. 유레일 패스는 글로벌 패스, 셀렉트 패스, 리저널 패스, 단일국가 패스로 나뉘고 www.eurail.com에서 예약하거나 여행사를 통해 구매할 수 있습니다. 유레일 패스는 국유철도를 이용할 수 있는 패스로 일부 사설 철도나 버스 선박도 무료 또는 할인된 가격에 이용할 수 있습니다. 두 명 이상인 경우에는 Saver Pass로 구입이 가능합니다.

1. **글로벌 패스 (Global Pass)**

    유럽 21개국에서 정해진 기간 동안 무제한 열차를 이용할 수 있는 탑승권입니다.
    - **연속사용**: 정해진 기간 동안 선택한 국가 내에서 횟수에 관계없이 무제한 탑승할 수 있는 탑승권입니다.
    - **선택사용**: 유효기간 동안 선택한 기간만큼 선택한 국가 내에서 횟수에 관계없이 무제한 탑승할 수 있는 탑승권입니다.

2. **셀렉트 패스 (Select Pass)**

    유럽 23개국 중에서 국경이 인접한 3~5개국만을 선택해 정해진 기간 동안 무제한 이용할 수 있는 탑승권입니다.
    - **연속사용**: 정해진 기간 동안 선택한 국가 내에서 횟수에 관계없이 무제한 탑승할 수 있는 탑승권입니다.
    - **선택사용**: 유효기간 동안 선택한 기간만큼 선택한 국가 내에서 횟수에 관계없이 무제한 탑승할 수 있는 탑승권입니다.

3. **리저널 패스 (Regional Pass)**

    2개국씩 묶어 정해진 25개 구간 중 하나를 선택해 정해진 기간 동안 무제한으로 이용할 수 있는 탑승권입니다.

4. **1개국 패스 (One Country Pass)**

    유럽 17개국 중 하나를 선택해 정해진 기간 동안 사용할 수 있는 탑승권입니다.

일본철도패스 (Japan Rail Pass)

일본철도패스는 JR에서 일본을 여행하는 외국인을 대상으로 판매하는 철도 승차권으로 JR 패스라고도 합니다. 정해진 기간 내에 JR에서 운영하는 열차, 버스, 페리를 무제한 이용할 수 있습니다. JR 패스는 반드시 외국에서 구입해야 하며 국내에서는 구입할 수 없습니다.

종류	구분	7일간	14일간	21일간
그린샤(특실)	어른	37,800엔	61,200엔	79,600엔
	어린이	18,900엔	30,600엔	39,800엔
보통차	어른	28,300엔	45,100엔	57,700엔
	어린이	14,150엔	22,550엔	28,850엔

암트랙 Amtrak

암트랙은 알래스카, 하와이, 사우스 다코타, 와이오밍 주를 제외한 46개 주 500여 개의 도시를 연결하고 있으며, 와이오밍 주의 경우 암트랙의 연결 버스 서비스(Thruway Motorcoaches)를 통해 서비스하고 있습니다. 암트랙은 22,000이 넘는 선로를 운행하고 있으며, 미국 주요 도시를 모두 연결하고 있습니다.

대부분의 암트랙 역은 도시의 중심에 위치해 있어 찾기 쉬우며, 샌프란시스코와 같이 도시 내에 암트랙 역이 위치해 있지 않는 경우에는 주변의 가장 가까운 암트랙 역이 있는 도시를 연결하는 버스 서비스를 운영하고 있습니다.

암트랙 패스는 발권일 기준으로 최대 3개월 이내 사용으로 발권이 가능하며, 구간 티켓은 별도의 제한 규정이 없습니다. 암트랙에서 들고 탈 수 있는 가방은 한 사람당 2개, 부치는 것은 3개까지 가능하며 각 가방은 50파운드, 즉 23kg을 넘으면 안 됩니다. 부칠 수 있는 가방은 가로, 세로, 넓이가 36인치를 넘어가면 안 됩니다.

단위: US$

패스 구분	성인	어린이	주요 지역
15일 (8구간)	389	194.50	미국 전 지역
30일 (12구간)	579	289.50	미국 전 지역
45일 (18구간)	749	374.50	미국 전 지역

그레이하운드 Greyhound

1914년에 설립된 그레이하운드는 북미에서 매일 13,000회 운영하고 2,300개 이상의 도시에 정차합니다. 연간 2,500만 명이 이용하는 그레이하운드는 안전하고 저렴한 교통수단입니다. 표는 인터넷, 전화, 그레이하운드 터미널 그리고 여행사에서 구입할 수 있습니다. 그레이하운드에서는 짐 1개는 무료로 부칠 수 있습니다. 트렁크를 하나 더 부치게 되면 10달러를 내면 되고 무게가 50파운드(23kg)가 넘거나 가방 크기가 62인치가 넘게 되면 거리에 따라서 25-35달러 정도 더 내면 됩니다.

Necessity
6. 기타 필요한 물품

국제운전면허증
국제운전면허증 소지자는 가맹국에서 운전이 가능합니다. 유효 기간은 발급일로부터 1년입니다. 대부분의 국가에서 국제운전면허증으로 운전할 경우 자국의 운전면허증과 여권을 함께 지참해야 합니다. 발급은 거주지 관할 운전면허 시험장에서 받을 수 있습니다.

국제학생증
국제학생증(International Student Identity Card)은 유네스코 인증 세계 유일의 국제학생증입니다. ISIC를 소지한 학생은 해외에서 본인의 학생 신분을 증명할 수 있고, 이를 통해 다양한 학생 혜택을 받을 수 있습니다. 발급은 전국 128개 대학교 및 키세스(KISES) 사무실에서 받을 수 있습니다. 국제학생증이 있으면 각종 박물관, 기차 등 학생 할인을 받을 수 있으니 꼭 챙겨 둡시다.

여행자 수표
외국환을 취급하는 은행의 본점이나 지점에서 발급이 가능하며 여권과 주민등록증이 필요합니다. 여행자 수표를 분실했을 경우에는 두 군데의 사인란 중 두 번째 사인이 되어 있지 않은 수표만 재발행이 가능합니다. 두 군데에 모두 사인이 되어 있거나 두 군데 모두 사인을 하지 않았으면 재발행이 불가능합니다. 사인은 여권 사인과 일치해야 합니다. 여행자 수표를 분실한 경우 또는 도둑맞은 경우에는 가까운 경찰서에 가서 분실 신고서를 작성할 때 수표 번호를 적어야 하기 때문에 수표번호를 꼭 적어 두어야 합니다.

Money Exchange
7. 환전

해외 여행을 할 때는 환전이 필수인데요, 환전할 때 유용한 팁을 알아볼까요?

1. 한국의 주거래 은행을 활용하라
환전을 할 때 한국의 주거래 은행을 찾아가서 담당직원에게 싸게 달라고 해 보세요. 그러면 수수료를 아주 싸게 해 준답니다. 수수료를 최대 80%까지 아낄 수 있다고 합니다. 또 휴가철에는 다양한 환전 이벤트를 진행하는 은행들이 많아 수수료도 아끼고 경품을 받는 일거양득의 효과를 거둘 수도 있습니다.

2. 은행 쿠폰을 활용하라
여행 성수기에는 국내 은행들이 고객을 유치하기 위해 인터넷으로 쿠폰을 발급하기도 합니다. 환전하기 전에 은행의 인터넷 사이트를 꼭 확인하여 할인 쿠폰이 있으면 다운로드를 받아서 가는 것도 좋은 알뜰 환전 팁입니다.

3. 공항 환전소는 피하라
환율은 은행마다, 장소마다 천차만별인데요, 그 중 공항 환전소가 가장 비싸답니다. 아무래도 환전이 급한 사람들이 이용을 한다고 생각을 해서 인가 봐요. 미리미리 다른 곳에서 환전을 해두세요.

4. 현금은 분산하여 보관하라
환전한 돈을 한꺼번에 하나의 지갑에 넣어 두지 마세요. 혹시 도난을 당하거나 분실할 경우가 있을 수 있기 때문이죠. 조금씩 나누어서 분산하여 보관하는 것이 좋습니다.

5. 환전하는 화폐 단위는 여러 가지로
환전을 할 때 너무 큰 단위로만 환전하지 마세요. 외국의 작은 가게 등에서는 고액권을 사용할 수 없는 경우가 있기 때문입니다. 국내은행에서 환전을 할 경우 직원이 친절하게 여러 가지로 나누어서 주는 경우가 많지만, 해외에서 환전할 때는 원하는 화폐 단위를 꼭 묻는데요. 이때, 고액권과 소액권을 적절히 섞어서 받으시면 유용합니다.

6. 여행자 수표를 활용하라
현금을 많이 가지고 다니는 것이 부담스럽다면 여행자 수표를 활용해 보세요. 여행자 수표는 현금과 활용성이 동일하면서, 분실될 경우에는 고유 번호가 있어 재발급이나 환급이 가능하기 때문입니다. 떠나기 전에 국내 은행에서 얼마든지 쉽게 발급이 가능합니다.

Packing
8. 짐 싸기

수하물의 수량과 무게

짐을 싸기 전에 항공사에서 허용하는 수하물의 수량과 무게를 알아 두는 게 좋겠죠? 허용치가 넘는 경우 여행 가는 국가에서도 살 수 있는 물건을 빼는 게 좋고요. 꼭 가져가야 한다면 항공사에 따라 추가요금을 내고 짐을 부칠 수 있습니다. 수하물 허용치는 항공사마다 다르긴 하지만 일반적인 기준을 알아보죠.

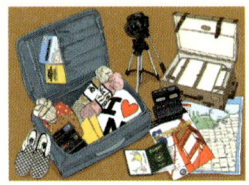

- **기내에 반입할 수 있는 수하물 크기:** 55 x 40 x 20 cm로 3면의 합이 115cm 이하
- **화물칸으로 운반되게 부칠 수 있는 수하물:** 23kg 이하의 수화물 2개

여행 준비물

1. 여권과 항공권: 없으면 출국이 안 되는 필수 준비물. 만일의 경우를 대비해 여권과 항공권 사본을 여러 장 가지고 가는 것도 좋습니다. 또 현지 여행사, 항공사, 한국대사관과 같은 전화번호는 별도의 수첩에 적어 두는 것이 좋습니다.

2. 환전한 현금, 신용카드: 여행자 수표를 가지고 갈 경우, 구입 일시와 번호, 신용카드는 번호 등을 적어 두는 게 좋습니다.

3. 작은 가방: 기내에도 들어갈 수 있고 휴대하기에도 불편함이 없으며, 소매치기가 쉽게 가져갈 수 없는 가방이 좋습니다. 여행시에는 꼭 닫고 다니도록 하고요.

4. 각종 예약확인서: 숙소나 교통편을 인터넷으로 예약했다면, 예약이 되지 않았을 경우를 대비해 예약확인서나 바우처(voucher)를 가져가는 것이 좋습니다. 숙소나 교통편을 찾지 못할 경우를 대비해 전화번호도 적어가면 좋고요.

5. 옷과 신발: 여행지의 기후와 목적에 따라 다르지만, 여행일 경우 간편한 복장이 좋습니다. 4박 5일 여행을 기준으로 하면, 양말과 속옷 4-5벌, 겉옷이나 티셔츠 2-4벌, 바지 2-3벌이 적당합니다. 추운 나라에 간다면 니트나 가디건, 코트를 가지고 가세요. 더운 나라는 물론 복장이 가벼워도 되지만, 그렇더라도 걸칠 만한 얇은 겉옷 정도는 가지고 비행기에 타세요. 높은 고도로 올라가는 비행기 안은 꽤 추울 수 있답니다.

6. 선글라스, 모자, 신발: 선글라스는 관광지에서 사진을 찍을 때 쓰면 멋지지만, 자외선 차단을 위해서도 필요합니다. 그리고 태양빛을 가리기 위한 모자와, 비를 대비해서 휴대하기 편한 작고 탄탄한 우산을 준비합니다.

7. 세면도구와 화장품: 일반적으로 수건과 비누, 샴푸는 숙박시설에서 제공하는 경우가 많지만 치약, 칫솔은 없는 경우도 있으므로 꼭 챙깁니다. 화장품은 샘플 사이즈를 가지고 가는 것이 편리하고, 아니면 화장품을 가져오지 말고 면세점에서 구매한 것을 쓰셔도 되지요. 자외선 차단을 위한 선크림은 필수고요, 남자인 경우에 면도기, 여자는 드라이어를 챙기셔도 좋습니다. 그런데 1회용 면도기나 손톱깎이는 기내에 휴대가 불가능하므로 꼭 짐으로 부치셔야 한다는 것 기억하세요.

8. 구급약: 평소에 복용하는 약, 소화제, 진통제, 감기약, 소독약, 바르는 파스와 1회용 밴드 등을 준비합니다. 렌즈 사용자는 식염수와 렌즈, 렌즈를 끼지 않을 경우 필요한 안경도 챙기면 좋겠지요.

9. 시계와 카메라: 현지에 가서 교통편이나 각종 일정에 늦지 않으려면 시계는 필수입니다. 비행기 안에서 현지 시각에 맞추어 놓으면 좋습니다. 카메라를 챙길 때 20GB 정도의 이동식 저장장치를 가지고 가면 양에 구애 없이 마음껏 사진을 찍을 수 있겠죠? 또 충전을 위해 멀티 콘센트를 가는 것이 좋습니다.

Duty Free Shopping
9. 면세점 쇼핑

면세점 이용은 해외여행자의 특권 중 하나인데요. 꼭 공항 면세점에서만 면세품을 구입할 수 있는 건 아니랍니다. 다양한 면세품 구입방법을 알아볼까요? 참고로, 국내 면세점에서는 1인당 미화 $3,000까지만 구매 가능하고요, 해외에서 구매해서 한국으로 가지고 오는 경우에는 1인당 미화 $400 까지만 허용되는데, 이를 초과하는 경우에는 세관 신고 후 세금을 납부해야 합니다.

공항 면세점
공항 면세점은 출국심사대를 통과하면 바로 나옵니다. 비행기 출발 시간을 꼭 기억하고 두 시간 정도 미리 여유 있게 쇼핑을 시작하는 것이 좋습니다. 입국 시에는 국내 공항 면세점을 이용할 수 없습니다.

시내 면세점
시내의 몇몇 호텔과 백화점에서도 면세품을 구매할 수 있습니다. 출국 한 달 전부터 구매할 수 있어, 시간에 쫓기지 않고 구매할 수 있는 장점이 있죠. 항공권을 가지고 있지 않아도, 출국 스케줄을 안다면 여권만 가지고도 물건을 구입할 수 있습니다. 당일 출발이라고 하더라도 출발 전 6시간까지 이용할 수 있습니다. 시내 면세점에서 구매한 물건은 공항의 면세점 인도장에서 받으면 되는데, 특히 성수기에는 사람이 많을 수 있으므로 시간 여유를 두고 가는 것이 좋습니다.

인터넷 면세점
인터넷 면세점은 보통 출국 60일 전부터 5시간 전까지 이용할 수 있습니다. 인터넷 면세점 사이트에 회원가입을 하고, 일반 인터넷 쇼핑몰과 동일하게 이용하면 됩니다. 인터넷 면세점은 각종 할인 쿠폰이 많이 발행되므로 시내 면세점보다 저렴한 경우도 있습니다. 인터넷 면세점에서 구매한 경우도 시내 면세점에서 구입한 물건과 마찬가지로 공항의 면세점 인도장에서 받으면 됩니다.

기내 면세점
기내에서도 면세품을 살 수 있습니다. 기내에 꽂혀 있는 카탈로그를 보고 물건을 고른 다음 승무원을 불러 사면 되는데, 기내 면세점은 한정된 수량만 있는 경우가 많습니다.

Culture
10. 나라별 주의점

미국 - 야간 출입 삼가야
로스엔젤레스, 뉴욕 같은 대도시의 치안은 좋지 않은 편입니다. 특히 야간에는 상당히 위험하므로 늦은 시간 개별적인 외출은 삼가는 것이 가장 좋은 방법입니다. 참고로, 강도를 당했을 때는 총기 휴대가 가능한 나라인 만큼, 어설픈 반항을 하지 말고 순순히 응하는 게 현명한 방법입니다.

프랑스 - 호객 행위 주의
파리의 몽마르뜨 언덕 아래 위치한 대표적 유흥지인 '삐갈' 지역에서는 외국인 여행객들을 대상으로 바가지를 씌우는 술집들이 많습니다. 또, 지하철이 매우 지저분하며, 외곽지역을 여행할 때는 소매치기를 조심해야 합니다. 또한 유럽의 대부분의 국가에 해당되지만, 개나 고양이 등 애완동물을 학대하면 큰 봉변을 당할 수도 있으므로 조심해야 합니다.

영국 - 과격한 서비스에도 침착하게
치안 상태는 상당히 양호한 편이나 역전 부근에서 소매치기나 들치기 등이 때로 발생하므로 주의해야 합니다. 또한 호텔 종업원의 과격한 행동 및 고압적 태도가 종종 문제가 되기도 하고, 전체적으로 불친절하다는 인상을 많이 받게 됩니다. 그리고 이곳에서 흰 백합꽃은 죽음을 상징하므로 현지인에게 선물해서는 안 됩니다.

독일 - 겸손하면 손해
신나치 그룹 등 극우파 과격분자들의 외국인에 대한 테러 행위를 조심해야 합니다. 그리고 이곳에서는 동양적 미덕인 겸양은 통하지 않습니다. 교통사고가 났을 때도 책임소재를 분명히 가려야 하고, 섣불리 먼저 상대방에게 사과한다든지 관련 서류에 서명해서는 안 됩니다.

이탈리아 - 허술한 행동은 사기의 표적
치안 상태가 별로 좋지 않습니다. 역전 부근 등에서는 소매치기나 사기꾼들이 무척 많으므로 절대로 허점을 보여서는 안 됩니다. 또한 거리 상점에 들어가면 반드시 물건을 사고 난 후 거스름돈을 확인하고 모자라면 그 자리에서 항의한 후 받아야 합니다.

그리스 - 택시 횡포 극심
외국인 여행객들을 대상으로 술집에서 폭리를 취하거나 택시의 부당 요금 강요 등이 빈번하게 발생합니다. 미리 지도 및 안내서를 통해 지리와 요금, 또 가까운 경찰서를 알아 두는 게 좋습니다.

Culture
11. 나라별 팁 문화

미국
- **공항에서 짐을 들어주는 포터**: 가방 1개당 $1, 크거나 무거운 가방은 1개당 $2
- **호텔 도어맨**: 호텔 앞 길에서 택시를 잡아 주면 $1, 전화로 택시를 불러 주면 $2
- **호텔 객실 청소**: 등급에 따라 다르지만 보통 1박에 $2~5를 주는데, 그날 그날 줘도 되고, 체크아웃할 때 합하여 한꺼번에 줘도 됩니다.
- **레스토랑**: 전체 식사비의 15~20% 정도
- **택시**: 전체 택시 요금의 15~20% 정도. 때로는 거스름돈을 받지 않는 것으로 팁을 대신하기도 하죠. 무거운 가방을 실은 경우는 추가로 가방당 $1

영국
음식 가격에는 팁이 포함되어 있는 경우가 대부분이며, 다른 상황에서는 미국과 비슷하게 하면 됩니다.

프랑스
요금에 이미 포함되어 있지만 보통은 5%를 팁으로 줍니다.

필리핀
요금의 10% 정도를 주면 됩니다.

홍콩
아시아에서 유독 팁 문화가 발달한 국가로, 10%의 팁을 주면 됩니다.

일본을 포함 대부분의 아시아 국가
이미 팁이 포함된 경우가 많으므로, 굳이 주지 않아도 됩니다.

Useful Numbers
12. 긴급 연락처

해외 여행 중 긴급 상황에 처했을 경우, 영사 콜센터나 국가별 한국대사관에 연락하면 신고 방법이나 대처 방법을 알 수 있습니다.

영사 콜센터

- **유료전화** 국가별 접속 번호+82-2-3210-0404

- **무료전화** 국가별 접속 번호+800-2100-0404

주요 국가별 한국 대사관 전화번호

미국	(1) 202-939-5600
캐나다	(1) 613-244-5010
일본	(81) 3-3452-7611~9
중국	(86) 10-6532-6774~5
인도	(91) 11-4200-7000
베트남	(84) 4-3831-5110~6
필리핀	(63) 2-811-6139
싱가폴	(65) 6256-1188
영국	(44)-(020) 7227-5500~2
독일	(49) 030-260-650
이탈리아	(39) 06-802461
스페인	(34) 91-353-2000
러시아	(7) 495-783-2727
호주	(61) 2-6270-4100
뉴질랜드	(64) 4-473-9073~4

Section 2

자,
이제 출발!

1 기내에서 In the Airplane
2 공항에서 In the Airport
3 숙소에서 In the Hotel
4 교통편 이용하기 Transportation
5 관광하기 Touring
6 쇼핑하기 Shopping
7 식사하기 Eating Out
8 현지인과 대화하기 Socializing
9 공공.편의시설 이용하기 Using Facilities
10 귀국하기 Homecoming
11 돌발 상황 Emergency

기내에서

1

웬만한 여행영어
단어로 통한다

기내에서
In the Airplane

기내에서

Words 단어만으로도 말이 되네!
Patterns 한 가지 패턴으로 여러가지 말을!
Dialogues 상황별 필수 대화!
Expressions 필수 표현!
Useful Words 유용한 단어!
Tips 알아 두면 좋아요!

In the Airplane
Words

 1-1

1. 누가 내 자리에 앉아 있을 때 그 사람에게

   ### That's my seat.
   댓츠 마이 씨잇. | 거기 제 자리에요.

   ☞ I think that's my seat.
   아이 띵크 댓츠 마이 씨잇. | 거기 제 자리인 것 같은데요.

---

2. 자리를 바꾸고 싶을 때 승무원에게

   ### Change seat?
   체인지 씨잇? | 자리를 바꿔도 되나요?

   ☞ Can I change my seat?
   캐나이 체인지 마이 씨잇? | 자리를 바꿔도 되나요?

---

3. 짐을 기내 선반에 올려달라고 승무원에게 도움을 요청할 때

   ### Help.
   헬프. | 도와주세요.

   ☞ Can you help me here?
   캔 유 헬프 미 히얼? | 여기 좀 도와주시겠어요?

---

4. 담요가 한 장 더 필요할 때 승무원에게

   ### One more blanket, please.
   원 모어 블랭킷, 플리즈. | 담요 하나 더요.

   ☞ Can I have one more blanket?
   캐나이 해브 원 모어 블랭킷? | 담요 한 장 더 주실 수 있나요?

단어만으로도 말이 되네!
통하는 단어

5. 승무원이 식사 메뉴를 물어볼 때

Beef, please.
비프, 플리즈. | 쇠고기요.

☞ I'd like beef, please.
아이드 라익 비프, 플리즈. | 쇠고기로 주세요.

---

6. 물이 마시고 싶을 때 승무원에게

Water, please.
워터, 플리즈. | 물이요.

☞ I'd like some water, please.
아이드 라익 썸 워터, 플리즈. | 물 좀 주세요.

---

7. 오렌지 주스를 원할 때 승무원에게

Orange juice, please.
오린쥐 주스, 플리즈. | 오렌지 주스요.

☞ Could you bring me some orange juice?
크쥬 브링 미 썸 오린쥐 주스? | 오렌지 주스 좀 가져다 주실래요?

---

8. 고추장이 있냐고 승무원에게 물어볼 때

Korean chili paste?
코리언 췰리 페이스트? | 고추장 있나요?

☞ Do you have Korean chili paste?
두유 해브 코리언 췰리 페이스트? | 고추장 있나요?

In the Airplane
Words
 1-1

9. **식사를 다 하고 치워 달라고 승무원에게 말할 때**

   ## Take this away, please.
   테익 디스 어웨이, 플리즈. | 이거 치워 주세요.

   ☞ Can you take this away, please?
   캔유 테익 디스 어웨이, 플리즈? | 이것 좀 치워 주시겠어요?

---

10. **헤드폰이 고장 났을 때 승무원에게**

    ## It's broken.
    잇츠 브로큰. | 헤드폰이 고장 났어요.

    ☞ This headset is broken.
    디스 헤드셋 이즈 브로큰. | 이 헤드폰이 고장 났어요.

---

11. **비행기 멀미 때문에 약이 필요할 때 승무원에게**

    ## Motion sickness pills.
    모션 씩니스 필즈. | 멀미약이요.

    ☞ I need some motion sickness pills.
    아이 니드 썸 모션 씩니스 필즈. | 멀미약이 필요한데요.

---

12. **한국 신문을 원할 때 승무원에게**

    ## Korean newspaper.
    코리언 뉴스페이퍼. | 한국 신문이요.

    ☞ Do you have any Korean newspapers?
    두유 해브 애니 코리언 뉴스페이퍼즈? | 한국 신문이 있나요?

13. 치약과 칫솔이 필요할 때

Toothbrush and toothpaste.
투쓰브러쉬 앤 투쓰페이스트. | 치약과 칫솔이요.

☞ Can I have a toothbrush and toothpaste?
캐나이 해버 투쓰브러쉬 앤드 투쓰페이스트? | 치약과 칫솔 좀 주시겠어요?

---

14. 안대를 부탁할 때 승무원에게

Eye mask.
아이 매스크. | 안대요.

☞ Can I have an eye mask?
캐나이 해번 아이 매스크? | 안대 좀 주시겠어요?

---

15. 기내 면세품을 구매할 때 승무원에게

Number 10.
넘버 텐. | 10번이요.

☞ I'd like number 10.
아이드 라익 넘버 텐. | 10번을 사고 싶어요.

---

16. 면세품을 살 때 이것으로 두 개를 달라고 할 때

Two of these.
투 오브 디즈. | 이것 두 개요.

☞ I'd like two of these.
아이드 라익 투 오브 디즈. | 이것 두 개 주세요.

In the Airplane
Patterns

 1-2

_____, **please.** ~플리즈 | ~ 주세요.

Beef, please.
비프 플리즈. | 쇠고기 주세요.

Chicken, please.
취킨 플리즈. | 닭고기 주세요.

Water, please.
워터 플리즈. | 물 주세요.

Orange juice, please.
오린쥐 주스 플리즈. | 오렌지 주스 주세요.

Coke, please.
코크 플리즈. | 콜라 주세요.

Sprite, please.
스프라잇 플리즈. | 사이다 주세요.

Do you have _____? 두유 해브 ~? | ~있나요?

Do you have a pen?
두유 해브 어 펜? | 펜 있나요?

Do you have a newspaper?
두유 해브 어 뉴스페이퍼? | 신문 있나요?

Do you have apple juice?
두유 해브 애플 주스? | 사과 주스 있나요?

Do you have kimchi?
두유 해브 킴치? | 김치 있나요?

Do you have beer?
두유 해브 비어? | 맥주 있나요?

한 가지 패턴으로 여러가지 말을!
통하는 패턴

Do you have **wine**?
두유 해브 와인? | 와인 있나요?

Can I have one more _____?
캐나이 해브 원 모어 ~? | ~ 하나 더 주시겠어요?

Can I have one more **blanket**?
캐나이 해브 원 모어 블랭킷? | 담요 하나 더 주시겠어요?

Can I have one more **pillow**?
캐나이 해브 원 모어 필로우? | 베개 하나 더 주시겠어요?

Can I have one more **immigration form**?
캐나이 해브 원 모어 이미그레이션 폼? | 입국 신청서 하나 더 주시겠어요?

Can I change my _____?
캐나이 췌인지 마이 ~? | ~를 바꾸어도 될까요?

Can I change my **seat**?
캐나이 췌인지 마이 씨잇? | 자리를 바꾸어도 될까요?

Can I change my **meal**?
캐나이 췌인지 마이 밀? | 식사를 바꾸어도 될까요?

Can I change my **drink**?
캐나이 췌인지 마이 쥬링크? | 음료수를 바꾸어도 될까요?

Can I change my **headset**?
캐나이 췌인지 마이 헤드셋? | 헤드폰을 바꾸어도 될까요?

In the Airplane
Dialogues

◉ 1-3

나 여기 제 자리인 것 같은데요.
I think this is my seat.
아이 띵크 디스 이즈 마이 씨잇.

승객 오, 죄송해요.
Oh, sorry.
오, 쏘리.

나 여기 짐 올리는 것 좀 도와주시겠어요?
Can you help me here?
캔 유 헬프 미 히얼?

승무원 물론이죠. 오, 여긴 공간이 없네요. 저쪽에 넣어 드릴게요.
Sure. Oh, there is no room here. I'll put it there for you.
슈어. 오, 데얼 이즈 노우 룸 히얼. 아일 풋 잇 데얼 포 유.

승무원 소고기와 치킨 중 무엇으로 하시겠어요?
Beef or chicken?
비프 오어 취킨?

나 치킨이요.
Chicken, please.
취킨, 플리즈.

통하는 대화

승무원   음료는 무엇으로 하시겠어요?

Something to drink?

썸띵 투 쥬링크?

나   콜라요.

Coke, please.

코크, 플리즈.

나   사과 주스 있나요?

Do you have apple juice?

두유 해브 애플 주스?

승무원   죄송합니다만, 다 떨어졌네요. 포도 주스는 어떠신가요?

Sorry. We ran out of apple juice. How about some grape juice?

쏘리. 위 랜 아웃 오브 애플 주스. 하우 어바웃 썸 그레이프 주스?

나   좋아요.

Okay.

오케이.

In the Airplane
Dialogues 🎧 1-3

나 이 헤드폰이 고장 났어요.
This headset is broken.
디스 헤드셋 이즈 브로큰.

승무원 죄송해요. 다른 것으로 가져다 드릴게요.
Sorry, I'll get you another one.
쏘리, 아일 겟츄 어나더 원.

나 담요 하나 더 주실래요?
Can I have one more blanket?
캔 아이 해브 원 모어 블랭킷?

승무원 죄송합니다만, 한 사람당 하나만 드립니다.
Sorry, we only provide one blanket per person.
쏘리, 위 온리 프로바이드 원 블랭킷 퍼 퍼슨.

나 멀미약이 필요한데요.
I need some motion sickness pills.
아이 니드 썸 모션 씩니스 필즈.

승무원 곧 가져다 드릴게요.
I'll be right back.
아일 비 라잇 백.

나	펜 있나요?
	Do you have a pen?
	두 유 해버 펜?
승무원	여기 있습니다.
	Here you go.
	히얼 유 고우.

나	10번을 사고 싶어요.
	I'd like number 10.
	아이드 라익 넘버 텐.
승무원	50달러입니다.
	It's 50 dollars.
	이츠 피프티 달러즈.

In the Airplane
Expressions 1-4

이런 말을 듣게 돼요!

탑승권 좀 보여 주세요.
Your boarding pass, please.
유어 보딩 패스, 플리즈.

통로를 따라 쭉 가시면 됩니다.
Walk down the aisle, please.
웍 다운 디 아일, 플리즈.

이쪽입니다.
This way, please.
디스 웨이, 플리즈.

안전벨트를 매 주세요.
Fasten your seatbelt, please.
패슨 유어 씻벨트, 플리즈.

기내 수화물을 앞 좌석 아래나 선반에 놔 주세요.
Put your carry-on baggage underneath the seat in front of you or in the overhead bin.
풋 유어 캐리온 배기쥐 언더니쓰 더 씨잇 인 프론트브 유 오어 인 디 오버헤드 빈.

이륙합니다.
We're going to take off.
위아 고잉 투 테익 오프.

필수 표현

커피나 차를 드시겠습니까?
Would you like coffee or tea?
우쥬 라익 커피 오어 티?

식사는 다 드셨나요?
Are you finished with your meal?
아유 피니쉬드 위드 유어 밀?

의자를 똑바로 해 주세요.
Put your seat in the upright position.
풋 유어 씨잇 인 디 업라잇 퍼지션.

In the Airplane
Expressions ◉ 1-5

이렇게 말해 보세요!

23B 자리는 어디죠?
Where is 23B?
웨얼 이즈 트웬티 쓰리 비?

저와 좌석을 바꾸실래요?
Can we trade seats?
캔 위 트레이드 씨잇츠?

다른 좌석 있나요?
Are there any other seats?
아 데얼 애니 아더 씨잇츠?

붙어 있는 빈 좌석은 없나요?
Do you have any empty seats together?
두유 해브 애니 엠티 씨잇츠 투게더?

제 의자 좀 뒤로 젖혀도 될까요?
May I recline my seat?
메이 아이 리클라인 마이 씨잇?

의자 좀 똑바로 세워주시겠어요?
Would you mind putting your seat upright?
우쥬 마인드 푸팅 유어 씨잇 업라잇?

필수 표현

식사가 준비되면 깨워 주세요.

Please wake me up when the meal is ready.

플리즈 웨익 미 업 웬 더 밀 이즈 레디.

이 신고서는 어떻게 작성하죠?

How do I fill out this form?

하우 두 아이 필 아웃 디스 폼?

두통약 있나요?

Do you have medicine for a headache?

두유 해브 메디쓴 포 어 헤데익?

아직 다 안 먹었습니다.

Not yet. I'm not finished.

낫 옛. 아임 낫 피니쉬드.

비행기 번호가 뭐죠?

What is our flight number?

왓 이즈 아워 플라잇 넘버?

 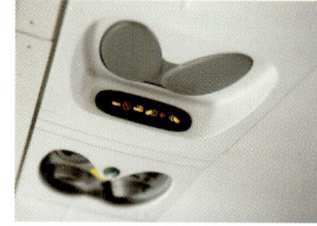

In the Airplane
Useful Words
유 용 한 단 어 !
기내에서 1-6

economy class 이커너미 클래스 | 일반석
business class 비즈니스 클래스 | 비즈니스석
first class 퍼스트 클래스 | 일등석
flight attendant 플라잇 어텐던트 | 승무원
captain 캡틴 | 기장
tray table 트레이 테이블 | 식사 테이블
noodles 누들스 | 면
rice 라이스 | 쌀밥
fish 피쉬 | 생선
napkin 냅킨 | 냅킨
spoon 스푼 | 수저
fork 포크 | 포크
knife 나이프 | 칼
call button 콜 버튼 | 호출버튼
overhead compartment(bin) 오버헤드 컴파트먼트(빈) | 선반
window seat 윈도우 씨잇 | 창가 좌석
aisle seat 아일 씨잇 | 통로 좌석
lavatory 래버토리 | 화장실
toothbrush 투쓰브러쉬 | 칫솔
toothpaste 투쓰페이스트 | 치약
mouthwash 마우쓰워쉬 | 구강세정제
toilet paper 토일럿 페이퍼 | 화장지
vacant 베이컨트 | 비었음
occupied 아큐파이드 | 사용 중
not for drinking 낫 포 쥬링킹 | 식수 아님
return to seat 리턴 투 씨잇 | 자리로 돌아가시오
life jacket 라이프 재킷 | 구명 조끼
oxygen mask 악씨쥔 매스크 | 산소마스크
reading light 리딩 라이트 | 독서등
airsickness bag 에어씩니스 백 | 멀미용 위생봉투
blanket 블랭깃 | 담요

In the Airplane
Tips

기내 좌석

통로라는 뜻의 Aisle은 '아이슬'이 아니라 s가 묵음으로 '아일'이라고 발음됩니다. 공항에서 체크인을 할 때도, "Would you like an aisle seat, or a window seat? 우쥬 라이크 언 아일 씨잇, 오어 어 윈도우 씨잇?(통로 쪽을 원하십니까? 아니면 창가 쪽을 원하십니까?)"라는 표현을 들어 보셨을 겁니다.

기내 주의사항

기내에서 흡연은 금지입니다. 화장실에서도 절대 금연이라는 것을 기억하세요. 또 기내는 냉방이 잘 되어 추운 경우가 많습니다. 한 번은 두바이까지 10시간 정도 비행기를 타고 가는데 점퍼를 기내에 가지고 타지 않아서 도착한 후에 몸살감기에 걸려 고생한 적이 있어요. 저처럼 추위를 잘 타시는 분들은 기내에서 제공되는 담요로는 부족하니 꼭 걸칠 만한 겉옷을 준비하세요. 이·착륙 시 사용이 불가능한 물건이 있습니다. 노트북 컴퓨터, 휴대폰, 게임기, CD플레이, 무전기 등 비행 통신에 문제를 줄 수 있는 통신기기류가 해당됩니다.

탑승권

탑승권(Boarding Pass 보딩 패스)은 꼭 여행이 끝날 때까지 보관하세요. 좌석을 찾을 때도 필요하지만, 짐을 찾을 때나 여행이 끝나고 항공사 마일리지 적립 시 필요할 수도 있으니까요.

In the Airplane
Tips

승무원을 부를 때

기내에서 승무원을 부를 때는, Flight attendant플라잇 어텐던트나 Stewardess스튜어디스라고 부르지 말고, Excuse me.익스큐즈 미.라고 하면 됩니다. 꼭 기내가 아니라 식당에 가서도 Waiter웨이터나 Waitress웨이츄리스라고 불러도 되겠지만, Excuse me.라고 해도 괜찮습니다.

기내식

비행기를 타면 앞에 꽂혀 있는 것들이 있는데요. 안전을 위한 안내서, 기내 면세품 안내, 또 기내식 메뉴가 꽂혀 있답니다. 장시간 비행일 경우에는 아침, 점심 등 두 가지가 준비되어 있기도 하고요. 보통 쇠고기와 닭고기가 주 요리인데, 생선(Fish피쉬)이

나오기도 하고 중동지역 항공의 경우 양고기, 동남아시아 지역 항공의 경우 면 요리(Noodle누들)가 나오기도 합니다.

알아 두면 좋아요!
기내에서

입국 신고서의 예

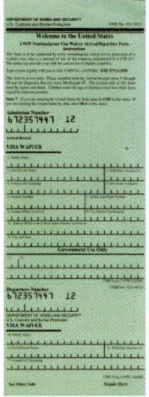

세관 신고서의 예

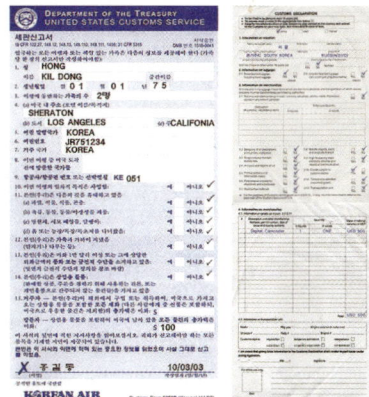

입국/세관 신고서에 나오는 영어

Family Name 패밀리 네임 | 성
First (Given) Name 퍼스트(기븐) 네임 | 이름
Maiden Name 메이든 네임 | 결혼 전 성 (여성의 경우)
Birth Date 버쓰 데이트 | 생년월일
Sex (Male or Female) 섹쓰(메일 오어 휘메일) | 성 (남성 또는 여성)
Country of Citizenship 컨츄리 어브 씨티즌쉽 | 국적
Occupation 아큐페이션 | 직업
Passport Number 패스포트 넘버 | 여권번호
Country Where You Live 컨츄리 웨어 유 리브 | 거주 국가
City Where You Boarded 씨티 웨어 유 보디드 | 탑승지
Address While in [Name of Country] 어주레스 와일 인 [네임 오브 컨츄리] | 연락처
Airline and Flight No. 에어라인 앤 플라잇 넘버 | 이용 항공사명 및 편명
Signature 씨그너춰 | 서명
City Where Visa was Issued 씨티 웨어 비자 워즈 이슈드 | 비자 발생지
Date Issued (day / mo / yr) 데이트 이슈드 (데이 / 먼쓰 / 이어) | 비자 발행일 (일 / 월 / 년)

49

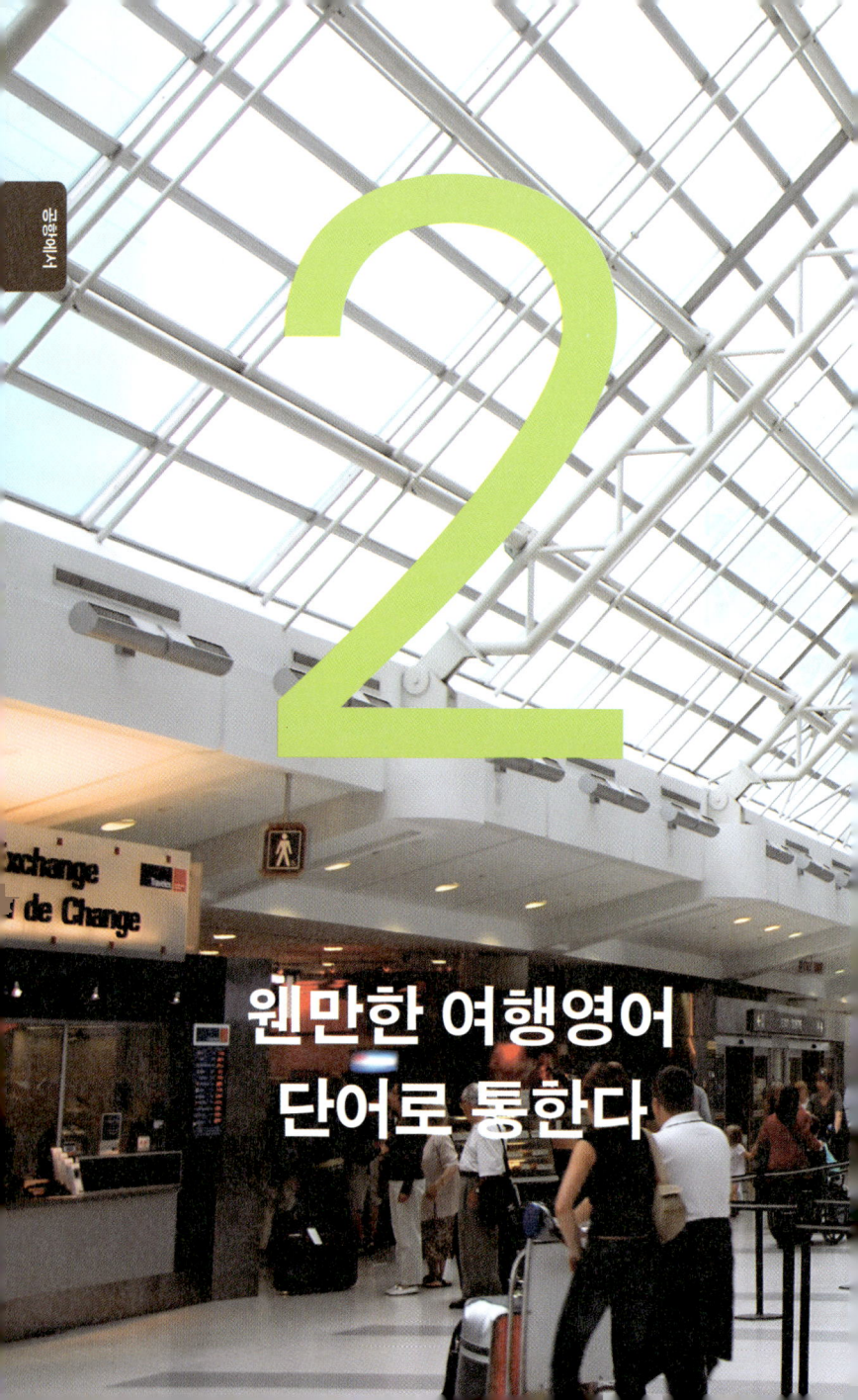

공항에서
In the Airport

Words 단어만으로도 말이 되네!
Patterns 한 가지 패턴으로 여러가지 말을!
Dialogues 상황별 필수 대화!
Expressions 필수 표현!
Useful Words 유용한 단어!
Tips 알아 두면 좋아요!

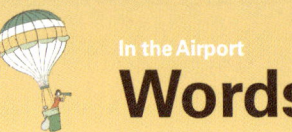

In the Airport
Words

 2-1

1. 공항 직원이 방문 목적을 물어볼 때

Sightseeing.
싸잇싱. | 관광이요.

☞ I'm here for sightseeing.
아임 히얼 포 싸잇싱. | 관광하러 왔습니다.

---

2. 공항 직원이 방문 목적을 물어볼 때

Business.
비즈니스. | 사업차요.

☞ I'm here on business.
아임 히얼 온 비즈니스. | 사업차 왔습니다.

---

3. 공항 직원이 방문 목적을 물어볼 때

Visiting a friend.
비지팅 어 프렌드. | 친구 방문이요.

☞ I'm here to visit a friend.
아임 히얼 투 비짓 어 프렌드. | 친구를 방문하러 왔습니다.

---

4. 공항 직원이 방문 목적을 물어볼 때

Study.
스터디. | 공부하려고요.

☞ I'm here for study.
아임 히얼 포 스터디. | 공부하러 왔습니다.

5. **공항 직원이 얼마나 머물 것인지 물어볼 때**

   ## One week.
   원 윅. | 1주일이요.

   ☞ I'll be staying for one week.
   아일 비 스테잉 포 원 윅. | 1주일 동안 머물 겁니다.

---

6. **수화물 찾는 곳을 물어볼 때**

   ## Baggage claim area?
   배기쥐 클레임 에뤼어? | 수화물 찾는 곳은요?

   ☞ Where is the baggage claim area?
   웨얼 이즈 더 배기쥐 클레임 에뤼어?

   ☞ Where do I pick up my luggage?
   웨얼 두 아이 픽컵 마이 러기쥐? | 수화물 찾는 곳은 어디 있나요?

---

7. **수화물 찾는 곳을 물어볼 때**

   ## The baggage carts?
   더 배기쥐 카츠? | 짐수레는요?

   ☞ Where are the baggage carts?
   웨얼 아 더 배기쥐 카츠? | 짐수레는 어디 있습니까?

In the Airport
Words

 2-1

8. 환승하려면 어디로 가야 되는지 물어볼 때

Transfer?
트랜스퍼? | 환승은요?

☞ **Where do I transfer?**
웨얼 두 아이 트랜스퍼? | 환승하려면 어디로 가면 되나요?

---

9. 관광 안내소를 찾을 때

Tourist information office?
투어리스트 인포메이션 오피스? | 관광 안내소는요?

☞ **Where is the tourist information office?**
웨얼 이즈 더 투어리스트 인포메이션 오피스? | 관광 안내소가 어디에 있나요?

---

10. 택시 승강장을 찾을 때

Taxi stand?
택시 스탠드? | 택시 승강장은요?

☞ **Where's the taxi stand?**
웨얼즈 더 택시 스탠드? | 택시 승강장은 어디에 있나요?

---

11. 환전소를 찾을 때

Currency exchange counter?
커런씨 익스췌인지 카운터? | 환전소는요?

☞ **Where is the currency exchange counter?**
웨얼 이즈 더 커런씨 익스췌인지 카운터? | 환전소는 어디에 있나요?

● 환전소를 money exchange office라고도 합니다.

단어만으로도 말이 되네!
통하는 단어

12. 버스 정류장을 물어볼 때

Bus stop?

버스 스탑? | 버스 정류장은요?

☞ Where can I find a bus stop?

웨얼 캐나이 파인더 버스 스탑? | 버스 정류장은 어디에 있나요?

---

13. 세관 검사 시 직원이 신고할 물건이 있냐고 물어볼 때

Nothing.

나띵. | 없습니다.

☞ No, I have nothing to declare.

노우, 아이 해브 나띵 투 디클레어. | 아니요. 신고할 것이 없습니다.

---

14. 체크인 시간을 물어볼 때

The check-in time?

더 체크인 타임? | 체크인 시간은요?

☞ What is the check-in time?

왓 이즈 더 체크인 타임? | 체크인은 몇 시입니까?

---

15. 탑승구가 어디인지 물어볼 때

The boarding gate?

더 보딩 게이트? | 탑승구는요?

☞ Where is the boarding gate?

웨얼 이즈 더 보딩 게이트? | 탑승구는 어디입니까?

In the Airport
Patterns

 2-2

Where is _____? 웨얼 이즈 ~? | ~가 어디 있나요?

Where is **Gate 17**?
웨얼 이즈 게이트 세븐틴? | 17번 게이트는 어디 있나요?

Where is **the baggage claim area**?
웨얼 이즈 더 배기쥐 클레임 에뤼어? | 수화물 찾는 곳은 어디 있나요?

Where is **my luggage**?
웨얼 이즈 마이 러기쥐? | 제 짐은 어디 있나요?

Where is **the money exchange office**?
웨얼 이즈 더 머니 익스췌인지 오피스? | 환전소는 어디 있나요?

Where is **the taxi stand**?
웨얼 이즈 더 택시 스탠드? | 택시 승강장은 어디 있나요?

I've lost _____. 아이브 로스트~ | ~을 분실했어요.

I've lost **my luggage**.
아이브 로스트 마이 러기쥐. | 제 짐을 분실했어요.

I've lost **my wallet**.
아이브 로스트 마이 왈릿. | 제 지갑을 분실했어요.

I've lost **my camera**.
아이브 로스트 마이 캐머뤄. | 제 카메라를 분실했어요.

한 가지 패턴으로 여러가지 말을!
통하는 패턴

Where do I _____? 웨얼 두아이 ~? | 어디서 ~하나요?

Where do I **transfer**?
웨얼 두아이 트랜스퍼? | 어디서 환승하나요?

Where do I **get a taxi**?
웨얼 두아이 겟 어 택시? | 어디서 택시를 잡나요?

Where do I **exchange money**?
웨얼 두아이 익스췌인지 머니? | 어디서 환전을 하나요?

Where do I **make my connection**?
웨얼 두아이 메이크 마이 커넥션? | 어디서 연결 편을 타나요?

Where do I **find the tourist information office**?
웨얼 두아이 파인 더 투어리스트 인포메이션 오피스?
| 어디서 관광 안내소를 찾나요?

Where do I **pick up my luggage**?
웨얼 두아이 픽컵 마이 러기쥐? | 어디서 제 짐을 찾나요?

In the Airport
Dialogues

 2-3

공항직원 신고할 것이 있나요?
Anything to declare?
에니띵 투 디클레어?

나 네, 있습니다.
Yes, I have.
예스, 아이 해브.

공항 직원 외화는 얼마나 가지고 계십니까?
How much foreign currency do you have?
하우 머치 포린 커런씨 두유 해브?

나 천 달러요.
A thousand dollars.
어 따우전드 달러즈.

공항직원 얼마나 머무르실 예정입니까?
How long will you be staying?
하우 롱 윌 유 비 스테잉?

나 일주일 머무를 겁니다.
One week.
원 윅.

나 제 짐을 찾을 수가 없어요.
I can't find my luggage.
아이 캔트 파인드 마이 러기쥐.

**상황별 필수 대화!
통하는 대화**

공항직원	비행편이 어떻게 되시죠?

What is your flight number?
왓 이즈 유어 플라잇 넘버?

나	OZ 486 이요.

(It's) OZ 486.
잇츠 오 지 포 에잇 씩스.

공항직원	1번 컨베이어로 가세요.

Go to Carousel 1, please.
고우 투 캐러쎌 원, 플리즈.

- Carousel은 공항의 컨베이어 벨트를 말합니다.

공항직원	여권 주세요.

Your passport, please.
유어 패스포트, 플리즈.

방문목적이 무엇입니까?

What's the purpose of your visit?
왓츠 더 퍼포스 오브 유어 비짓?

나	여행하려고요.

Traveling.
츄래블링.

공항직원	얼마나 오래 머물 예정이십니까?

How long will you be staying?
하우 롱 윌 유 비 스테잉?

나	1주일이요.

One week.
원 윅.

In the Airport
Dialogues

 2-3

공항직원 돌아가는 티켓을 보여 주시겠습니까?

Can I see your return ticket?

캐나이 씨 유어 리턴 티킷?

세관 심사관 세관 신고서는 작성했나요?

Did you fill out a customs declaration form?

디쥬 필 아웃 어 커스텀즈 데클러레이션 폼?

나 네, 여기 있습니다.

Yes, here it is.

예스, 히얼 잇 이즈.

세관 심사관 신고할 것이 있습니까?

Do you have anything to declare?

두유 해브 애니띵 투 디클레어?

나 신고할 것이 없습니다.

No, I have nothing to declare.

노우, 아이 해브 나띵 투 디클레어.

입국 심사관 가방을 열어 볼 수 있나요?

Could you open your bag?

크쥬 오픈 유어 백?

나 네, 물론이죠.

Yes, of course.

예스, 오브 코스.

입국 심사관 현금을 얼마 가지고 있습니까?

How much currency do you have with you?
하우 머치 커런씨 두 유 해브 위드 유?

How much money do you have?
하우 머치 커런씨 두 유 해브 위드 유?

나 약 1,000달러 가지고 있습니다.

I have about one thousand dollars in cash.
아이 해브 어바웃 원 따우진드 달러즈 인 캐시.

입국 심사관 녹색 표시를 따라 나가십시오.

Follow the green sign to the exit.
팔로우 더 그린 싸인 투 더 엑싯.

나 환승하려면 어디로 갑니까?

Where do I make my connection?
웨얼 두 아이 메이크 마이 커넥션?

입국 심사관 위층으로 가셔야 됩니다.

You need to go upstairs.
유 니드 투 고우 업스테어즈.

이런 말을 듣게 돼요!

세관 신고서를 작성해 주세요.
Please fill out a customs declaration.
플리즈 필 아웃 어 커스텀즈 데클러레이션.

항공권을 보여 주시겠습니까?
May I have your ticket, please?
메이 아이 해브 유어 티킷, 플리즈?

방문 목적이 무엇입니까?
What's the purpose of your visit?
왓츠 더 퍼포스 오브 유어 비짓?

가방 내용물은 무엇인가요?
What's in the bag?
왓츠 인 더 백?

신고할 게 있습니까?
Do you have anything to declare?
두 유 해브 애니띵 투 디클레어?

세관 신고서 가지고 계십니까?
Do you have your customs declaration form?
두 유 해브 유어 커스텀즈 데클러레이션 폼?

필수 표현

최종 목적지는 어디입니까?
What's your final destination?
왓츠 유어 파이널 데스티네이션?

런던에서는 어디에서 체류하십니까?
Where will you be staying in London?
웨얼 윌 유 비 스테잉 인 런던?

동행은 몇 분입니까?
How many are there in your party?
하우 매니 아 데얼 인 유어 파티?

단체 여행을 하십니까?
Are you traveling in a group?
알 유 츄래블링 인 어 그룹?

언제 어디서 잃어버리셨나요?
When and where did you lose it?
웬 앤 웨얼 디쥬 루즈 잇?

여권 좀 보여 주시겠어요?
Can I see your passport?
캐나이 씨 유어 패스포트?

수화물 보관증을 보여 주시겠습니까?
Can I see your baggage claim tag?
캐나이 씨 유어 배기쥐 클레임 택?

In the Airplane
Expressions

 2-5

이렇게 말해 보세요!

탑승은 언제 시작합니까?
What time does boarding begin?
왓 타임 더즈 보딩 비긴?

머리가 아파요.
I have a headache.
아이 해버 헤데익.

배가 아파요.
I have a stomachache.
아이 해버 스터머케익.

제 짐이 없어진 것 같아요.
My luggage is missing.
마이 러기쥐 이즈 미씽.

공항 셔틀버스는 어디에서 타나요?
Where do I take the airport bus?
웨얼 두 아이 테익 더 에어포트 버스?

메리어트 호텔 버스가 있나요?
Is there a hotel bus to the Marriott Hotel?
이즈 데얼 어 호텔 투더 메리어트 호텔?

필수 표현

택시는 어디서 잡을 수 있나요?
Where do I get a taxi?
웨얼 두 아이 겟 어 택시?

오늘 원-달러 환율이 어떻게 됩니까?
What's today's won-dollar exchange rate?
왓츠 투데이즈 원달러 익스췌인지 레이트?

1달러를 25센트 4개로 바꿔 주세요.
Change this dollar into four quarters, please.
췌인지 디스 달러 인투 포 쿼터스, 플리즈.

● 25센트는? Quarters 쿼터스 / 10센트는? Dime 다임 / 5센트는? Nickel 니클 / 1센트는? Penny 페니

여기 세워 주세요.
Pull over here, please.
풀 오버 히얼, 플리즈.

여기 주소로 가 주세요.
To this address, please.
투 디스 어쥬레스, 플리즈.

In the Airport
Useful Words

 2-6

passport 패스포트 | 여권
arrival 어라이벌 | 도착
departure 디파쳐 | 출발
delayed 딜레이드 | 연착된
now boarding 나우 보딩 | 탑승 중
boarding gate 보딩 게이트 | 탑승 게이트
domestic 도메스틱 | 국내선
international 인터내셔널 | 국제선
connecting flight 커넥팅 플라잇 | 환승 편
local time 로컬 타임 | 현지 시간
boarding pass 보딩 패스 | 탑승권
immigration 이미그레이션 | 이민국
customs 커스텀즈 | 세관
carry-on bag 캐리온 백 | 휴대 가방
transfer 츄랜스퍼 | 환승
transit 츄랜짓 | 경유
(final) destination (파이널) 데스티네이션 | (최종) 목적지
flight number 플라잇 넘버 | 항공편
gate 게이트 | 탑승구 **Gate 1** 게이트 원 | 1번 탑승구
immigration card 이미그레이션 카드 | 입국 신고서
customs declaration card 커스텀즈 데클러레이션 카드 | 세관 신고서
baggage claim 배기쥐 클레임 | 수화물 찾는 곳
carousel 캐러쎌 | 수화물 컨베이어
baggage claim tag 배기쥐 클레임 택 | 수화물 보관증
customs officer 커스텀즈 오피서 | 세관원
bus stop 버스 스탑 | 버스 정류장
subway(metro) station 서브웨이(메트로) 스테이션 | 지하철 역
fill out 필 아웃 | 서류를 작성하다
permitted items 퍼미티드 아이템즈 | 소지허용 품목
prohibited items 프로히비티드 아이템즈 | 소지금지 품목
foreigner 포리너 | 외국인
air(airline) ticket 에어(에어라인) 티킷 | 비행기 표

유용한 단어!
공항에서

baggage, luggage 배기쥐, 러기쥐 | 짐
money exchange 머니 익스췌인지 | 환전
cash 캐쉬 | 현금
traveler's checks 츄래블러스 췍스 | 여행자 수표
change 췌인지 | 잔돈
exchange rate 익스췌인지 레이트 | 환율
service charge 서비스 촤지 | 수수료
small bills 스몰 빌즈 | 소액권
large bills 라지 빌즈 | 고액권
break 브레이크 | 잔돈으로 바꾸다
shuttle bus 셔틀 버스 | 셔틀버스
shuttle van 셔틀 밴 | 셔틀 밴
for study 포 스터디 | 공부(연수) 목적으로
conference 컨퍼런스 | 회의
a business trip 어 비즈니스 츄립 | 출장
on vacation 온 베케이션 | 휴가 여행 목적으로
to visit a friend 투 비짓 어 프렌드 | 친구 방문 목적으로
to attend a meeting 투 어텐더 미팅 | 회의에 참석하기 위해
to visit a cousin 투 비짓 어 커즌 | 친척 방문 목적으로
plants 플랜츠 | 식물
weapons 웨펀즈 | 무기
agricultural products 애그리컬쳐럴 프로덕츠 | 농산물
drugs 쥬럭스 | 마약
tax-free items 택스 프리 아이텀즈 | 면세품
clear customs 클리어 커스텀즈 | 세관을 통과하다
currency declaration 커런씨 데클러레이션 | 통화신고
customs duty 커스텀즈 듀티 | 관세법
vanity box 배니티 박스 | 휴대용 화장품 상자
metal box 메틀 박스 | 금속 상자
Korean Embassy 코리언 엠버씨 | 한국 대사관
Korean Consulate 코리언 칸설럿 | 한국 영사관
temporary passport 템퍼레리 패스포트 | 임시 여권

In the Airport
Tips

환승과 경유

환승(Transfer츄렌스퍼)은 다른 비행기로 갈아타는 것을 의미하고, 경유(Transit츄렌지트)는 비행기 급유나 추가 승객을 태우기 위해 비행기를 세우고 승객들이 내렸다가 같은 비행기에 다시 타는 것을 의미합니다. 그래서 "저는 런던행 경유 승객입니다."라고 말하고 싶을 때는 "I'm a transit passenger for London."(아임 어 츄렌짓 패신저 포 런던.)이라고 하시면 됩니다.

환승 팁

갈아 타는 승객인 경우, 비행기 출구에서 경유 카드(Transit Card츄렌짓 카드)를 반드시 받아야 합니다. 기다리면서 면세점 쇼핑도 가능하고 쉬고 싶으면 대합실에서 휴식을 취할 수도 있습니다. 중간 경유지 공항에 도착하면 ARRIVAL(어롸이벌 | 도착)이 아닌 TRANSFER나 TRANSIT 표시를 따라갑니다. 그리고 전광판에서 갈아타야 하는 비행기 편, 탑승 시간, 탑승구 번호를 꼭 확인해야 합니다. 공항 사정에 따라 탑승구가 전광판에 늦게 뜨는 경우가 있으니, 처음에 표시가 안 되어 있다고 해도 겁먹지 마세요. 환승을 할 때는 부친 짐을 찾을 필요가 없고, 현재 휴대하고 있는 짐(Carry-on캐뤼온)만을 보안 검색대에 통과시키면 됩니다.

Baggage Claim(배기쥐 클레임 | 수하물 찾는 곳)으로 가면 근처 전광판에 비행 편과 컨베이어 벨트 번호가 써 있습니다. 확인하고 가시면 되니 어렵지 않고요, 혹시 짐이 분실되었거나 다른

알아 두면 좋아요!
공항에서

비행기로 늦게 도착하는 경우가 있을 수 있으니, 짐을 부칠 때 받는 Baggage Claim Tag(배기쥐 클레임 태그 | 수하물 보관증)을 가지고 계셔야겠죠? 짐이 늦게 오는 경우에는 공항 직원에게 머무를 호텔을 가르쳐 주면 공항 측에서 호텔 Concierge Desk(컨씨어쥐 데스크 | 안내 데스크)로 가져다주니 걱정하지 마세요.

입국 수속 절차

1. 도착 Arrival – 최종 목적지에 도착한 승객은 Arrival(어롸이벌)이라고 적혀 있는 표시판을 따라가면 됩니다. 환승객인 경우에는 Transit(츄랜짓) 표시판을 따라가면 됩니다.

2. 입국심사 Immigration – 비행기에서 내린 후 Immigration(이미그레이션) 창구로 이동하여 제일 먼저 입국 심사를 받게 됩니다. Immigration 창구에 가면 해당 국가 시민과 Foreigner(포리너)로 나뉘어져 있는데 해당되는 곳에 줄을 서서 차례를 기다립니다. 입국 카드(disembarkation card 디셈바케이션 카드), 여권, 세관 신고서 등 제출할 서류를 미리 챙겨 두고 차례가 되면 입국 심사관에게 줍니다. 체류 일수, 방문 목적, 체류지 등을 묻는 간단한 인터뷰 후에는 여권에 찍힌 입국 날짜 스탬프 위에 최대 체류일자를 적어줍니다. 만약 입국 심사 인터뷰 시 언어가 통하지 않으면 통역 직원이 있으므로 크게 걱정하지 않으셔도 됩니다.

3. 수하물 찾기 Baggage – Baggage Claim(배기쥐 클레임) 표시를 따라가서 타고 온 비행기 편이 표시된 곳에서 수하물을 찾습니다. 수하물이 나오지 않거나 파손된 경우에는 수하물 보관증(Claim Tag 클레임 태그)과 항공권(Ticket 티킷)을 가지고 가서 문의합니다.

4. 세관심사 Customs – 여권과 세관 신고서(Customs Declaration Form 커스텀즈 디클러레이션 폼)를 세관 직원에게 건네줍니다. 이곳에서 주로 질문하는 것은 신고할 것이 있는가와 식료품이나 동식물을 가지고 왔는가 등입니다. 일반 관광객이면 녹색 줄로 가라고 지시하기 때문에 검사 없이 그대로 통과할 수

In the Airport
Tips

있지만 신고할 것이 있거나 부자연스럽게 큰 화물을 가지고 있으면 빨간 줄로 가라고 지시하여 그곳에서 화물 검사를 받게 됩니다. 만일 과세 대상이 있으면 비행기 안에서 받은 세관 신고서에 상세히 기입하고 제출한 신고서를 보고 세액을 계산합니다. 이때 의심이 나면 직접 물건을 보면서 신고서와 대조하기도 하지만 학생들은 거의 그냥 통과시킵니다. 입국 시에 신고한 귀중품이 출국 시에 없으면 과세를 당하게 됩니다. 검사가 끝나면 세관 직원이 세관 신고서에 사인을 해서 여권과 함께 돌려줍니다.

수하물을 분실한 경우

1. Baggage Claim Tag를 챙기세요.
수하물이 턴테이블에 나오지 않은 경우에는 우선 항공권에 붙어 있는 Baggage Tag(배기쥐 태그)를 챙기고 Baggage Claims(배기쥐 클레임즈) 구역을 찾아 보세요.

2. 해당 항공사 창구로 가거나 Baggage Claims 사무실로 가세요.
공항 직원에게 물어 항공사 창구나 Baggage Claims 사무실로 가서 수하물 사고 신고서(성명, 여권번호, 수탁 물표번호, 화물의 모양이나 내용물 등)를 작성합니다. 짐을 찾았을 시 배달 받을 주소를 적어야 하기 때문에 도착 시 묵을 숙소 주소를 적어 가면 좋습니다. 만약 정해진 숙소가 없으면 공항에서 받겠다고 체크할 수 있습니다. 수하물 모양을 설명하기 힘들면 사진을 미리 찍어 두는 것도 좋은 방법입니다.

알아 두면 좋아요!
공항에서

3. 수하물 지연 보상금 챙기기
약 50달러 이상의 현금인 수하물 지연 보상금(out-of-pocket expenses 아웃 어브 포킷 익스펜시스)이나 간단한 세면도구, 양말 등이 들어 있는 서바이벌 키트를 요구하면 받을 수 있습니다. 꼭 챙기세요.

4. 여유롭게 기다리기
항공사마다 다르지만 일반적으로 짐을 돌려받을 수 있는 기간은 약 3일입니다. 빠르면 하루 만에 받을 수도 있지만 운이 나쁜 경우에는 일주일 이상 걸릴 수도 있습니다. 짐 배송비는 무료이고 분실 신고 증명서는 여행자 보험 처리가 가능하니 잊지 마세요.

5. 짐 바로 확인하기
짐은 돌려받았는데 짐이 손상된 경우가 있습니다. 이런 경우, 항공사별로 정해진 신고 기간 안에 신고해서 보상을 받아야 합니다. 해당 항공사 홈페이지에 가면 자세한 사항을 확인할 수 있고, 인터넷으로 신고가 되는 항공사도 있으니 확인하세요.

6. 짐을 돌려받지 못한 경우
짐을 돌려받지 못하는 경우가 발생할 수도 있습니다. 물론 매우 드문 경우이긴 하지만 만약 발생한다면 대처법을 정확히 아는 게 좋겠죠. 보상액은 항공사별로 다릅니다. 일반적으로는 1kg당 20달러를 기준으로 보상금이 지급됩니다. 즉, 짐 내용에 상관없이 kg 기준으로 보상금이 책정됩니다. 최근에는 국가 간 항공 협약에 의해 기존 규정보다 높은 보상액을 받을 수 있습니다. 그렇지만 위탁 수하물에 귀중품은 넣지 않는 게 가장 안전합니다.

3

웬만한 여행영어 단어로 통한다

숙소에서
In the Hotel

Words 단어만으로도 말이 되네!

Patterns 한 가지 패턴으로 여러가지 말을!

Dialogues 상황별 필수 대화!

Expressions 필수 표현!

Useful Words 유용한 단어!

Tips 알아 두면 좋아요!

In the Hotel

Words

 3-1

1. **호텔 예약을 하고 싶을 때**

   ## Reservation, please.
   레저베이션, 플리즈. | 예약이요.

   ☞ I'd like to make a reservation.
   아이드 라익 투 메이크 어 레저베이션. | 예약하고 싶습니다.

---

2. **체크인 할 때**

   ## Check-in, please.
   췌킨, 플리즈. | 체크인이요.

   ☞ I'd like to check in.
   아이드 라익 투 췌킨. | 체크인하고 싶습니다.

---

3. **싱글 룸을 요청할 때**

   ## Single, please.
   씽글, 플리즈. | 싱글이요.

   ☞ I'd like a single room.
   아이드 라이커 씽글 룸. | 싱글 룸 부탁합니다.

---

4. **더블 룸을 요청할 때**

   ## Double, please.
   더블, 플리즈. | 더블이요.

   ☞ I'd like a double room.
   아이드 라이커 더블 룸. | 더블 룸 부탁합니다.

단어만으로도 말이 되네!
통하는 단어

5. 트윈 룸을 요청할 때

Twin, please.
트윈, 플리즈. | 트윈이요.

☞ I want a twin room.
아이 원터 트윈 룸. | 트윈 룸 부탁합니다.

---

6. 3박 4일이라고 말할 때

Three nights.
쓰리 나이츠. | 3박이요.

☞ I'll be staying for three nights.
아일 비 스테잉 포 쓰리 나이츠. | 3박 하려고 합니다.

---

7. 객실 요금을 물어볼 때

Room rate, please?
룸 레잇 플리즈? | 객실 요금은요?

☞ What's the room rate?
왓츠 더 룸 레이트? | 객실 요금은 어떻게 되나요?

---

8. 바다 전망이 되는 객실을 요구할 때

Seaside room, please.
씨싸이드 룸, 플리즈. | 바다전망 객실이요.

☞ I'd like a seaside room, please.
아이드 라이커 씨싸이드 룸, 플리즈. | 바다전망 객실로 주세요.

In the Hotel
Words
3-1

9. 할인받을 수 있냐고 물어볼 때

Is a discount possible?

이즈 어 디스카운트 파서블? | 할인 가능한가요?

☞ Can I get a discount?

캐나이 겟 어 디스카운트? | 할인받을 수 있나요?

---

10. 모닝 콜을 요청할 때

Wake-up call, please.

웨이크업 콜, 플리즈. | 모닝콜이요.

☞ I'd like a wake-up call at 6, please.

아이드 라이커 웨이크업 콜 앳 씩스, 플리즈. | 6시에 모닝콜 부탁합니다.

---

11. 룸서비스를 요청할 때

Room service, please.

룸 서비스, 플리즈. | 룸서비스요.

☞ Can I get room service?

캐나이 겟 룸 서비스? | 룸 서비스를 받을 수 있나요?

---

12. 세탁 서비스를 물어볼 때

Laundry service?

런쥬리 서비스? | 세탁 서비스는요?

☞ Do you have laundry service?

두유 해브 런쥬리 서비스? | 세탁 서비스는 있습니까?

단어만으로도 말이 되네!
통하는 단어

13. 체크아웃 하려고 할 때

Check-out, please.
췌카웃, 플리즈. | 체크 아웃이요.

☞ I'd like to check out.
아이드 라익 투 췌카웃. | 체크 아웃하고 싶습니다.

14. 국제 전화를 하려고 할 때

Overseas call, please.
오버시즈 콜, 플리즈. | 국제전화요.

☞ I want to place a call to Korea, please.
아이 원 투 플레이스 어 콜 투 코리아 플리즈. | 한국으로 전화하고 싶습니다.

15. 무엇인가를 건네줄 때

Here.
히얼. | 여기요.

☞ Here you go.
히얼 유 고우. | 여기 있습니다.

16. 잘 못 알아들었을 때

Pardon?
파든? | 뭐라구요?

☞ Pardon? Could you repeat that, please?
파든? 크쥬 리핏 댓 플리즈? | 뭐라구요? 다시 한 번 말씀해 주시겠습니까?

In the Hotel
Patterns

 3-2

How should I_____?
하우 슈라이 ~? | 어떻게 ~하면 되나요?

How should I **pay**?
하우 슈라이 페이? | 어떻게 지불하면 되나요?

How should I **make the payment**?
하우 슈라이 메이크 더 페이먼트? | 어떻게 지불하면 되나요?

I lost _____.
아이 로스트 ~ | ~를 잃어버렸습니다.

I lost **my keys**.
아이 로스트 마이 키즈. | 열쇠를 잃어버렸습니다.

I lost **my camera**.
아이 로스트 마이 캐머뤄. | 카메라를 잃어버렸습니다.

I lost **my wallet**.
아이 로스트 마이 월렛. | 지갑을 잃어버렸습니다.

Can you _____?
캔유 ~? | ~할 수 있나요?

Can you **launder my shirt**?
캔유 런더 마이 셔트? | 셔츠를 세탁할 수 있나요?

Can you **get a taxi for me**?
캔유 겟어 택시 포미? | 택시를 부를 수 있나요?

Can you **tell me about the hotel's services**?
캔유 텔미 어바웃 더 호텔스 서비시즈? | 호텔 서비스에 대해 얘기해 주실 수 있나요?

Can you **tell me where the restaurant is**?
캔유 텔미 웨얼 더 레스토랑 이즈? | 레스토랑이 어디 있는지 얘기해 주실 수 있나요?

Do you have _____ ? 두유 해브 ~? | ~ 있나요?

Do you have free ice cubes?
두유 해브 프리 아이스 큐브즈? | 무료로 주는 얼음 있나요?

Do you have laundry service?
두유 해브 런쥬리 서비스? | 세탁 서비스 있나요?

Do you have a seaside room?
두유 해브 어 씨싸이드 룸? | 바다 전망 객실 있나요?

Do you have an ice dispenser?
두유 해브 언 아이스 디스펜서? | 얼음 나오는 기계 있나요?

Do you have a map of the city?
두유 해브 어 맵 오브 더 씨티? | 도시 지도 있나요?

_____ doesn't work.
~ 더즌트 웍. | ~가 고장 났어요.

The air-conditioner doesn't work.
디 에어컨디셔너 더즌트 웍. | 에어컨이 고장 났어요.

The heater doesn't work.
더 히터 더즌트 웍. | 난방이 고장 났어요.

The TV doesn't work.
더 티브이 더즌트 웍. | 텔레비전이 고장 났어요.

The electricity doesn't work.
디 일렉트리시티 더즌트 웍. | 전기가 고장 났어요.

The shower doesn't work.
더 샤워 더즌트 웍. | 샤워기가 고장 났어요.

In the Hotel
Patterns

 3-2

Please tell me _____.
플리즈 텔미 ~ | ~을 가르쳐 주세요.

Please tell me **when breakfast begins**.
플리즈 텔미 웬 브렉퍼스트 비긴즈. | 아침 식사를 언제 시작하는지 알려 주세요.

Please tell me **how to use the phone in my room**.
플리즈 텔미 하우 투 유즈 더 폰 인 마이 룸. | 내선전화 거는 법을 알려 주세요.

Please tell me **where the gym is**.
플리즈 텔미 웨얼 더 짐 이즈. | 체육관이 어디 있는지 알려 주세요.

Where is _____? 웨얼 이즈 ~? | ~는 어디 있나요?

Where is **the fitness center**?
웨얼 이즈 더 휘트니스 쎈터? | 피트니스 센터는 어디 있나요?

Where is **the swimming pool**?
웨얼 이즈 더 스위밍 풀? | 수영장은 어디 있나요?

Where is **the ice dispenser**?
웨얼 이즈 디 아이스 디스펜서? | 얼음 나오는 기계는 어디 있나요?

Is there _____? 이즈 데얼 ~? | ~이 있습니까?

Is there **a shower room**?
이즈 데얼 어 샤워 룸? | 샤워실이 있습니까?

Is there **a swimming pool**?
이즈 데얼 어 스위밍 풀? | 수영장이 있습니까?

Is there **a souvenir shop in the hotel**?
이즈 데얼 어 수브니어 샵 인 더 호텔? | 호텔 안에 기념품 가게가 있습니까?

한 가지 패턴으로 여러가지 말을!
통하는 패턴

Can I get _____? 캐나이 겟 ~? | ~을 주시겠습니까?

Can I get more towels?
캐나이 겟 모어 타울즈? | 수건을 더 주시겠습니까?

Can I get more toilet paper?
캐나이 겟 모어 토일럿 페이퍼? | 화장지를 더 주시겠습니까?

Can I get an extra blanket?
캐나이 겟 언 액스트라 블랭킷? | 여분의 담요를 주시겠습니까?

Can I get more soap?
캐나이 겟 모어 소우프? | 비누를 더 주시겠습니까?

Can I get more shampoo?
캐나이 겟 모어 섐푸? | 샴푸를 더 주시겠습니까?

I'd like _____. 아이드 라이크 ~ | ~하고 싶습니다.

I'd like to check in.
아이드 라이크 투 췌킨. | 체크인하고 싶습니다.

I'd like to check out.
아이드 라이크 투 췌카웃. | 체크아웃하고 싶습니다.

I'd like to cancel my reservation.
아이드 라이크 투 캔슬 마이 레저베이션. | 예약을 취소하고 싶습니다.

I'd like a wake-up call.
아이드 라이크 어 웨이컵 콜. | 모닝콜을 받고 싶습니다.

- I'd like to + 동사원형
- I'd like + (동)명사

In the Hotel
Dialogues

 3-3

나　여보세요. 방을 예약하고 싶습니다.
Hello. I'd like to make a reservation.
헬로우. 아이드 라잌 투 메이커 레저베이션.

직원　날짜는요?
For what dates?
포 왓 데이츠?

나　8월 14일부터 16일까지, 3박이요.
From August 14th to 16th, three nights.
프롬 어거스트 포틴쓰 투 씩스틴쓰 쓰리 나이츠.

직원　어떤 종류의 방을 원하십니까?
What kind of room would you like?
왓 카인드 오브 룸 우쥬 라잌?

나　트윈 룸이요.
A twin (room), please.
어 트윈 (룸), 플리즈.

나　안녕하세요. 예약을 했는데요.
Hello. I made a reservation.
헬로우. 아이 메이더 레저베이션.

직원　어서 오세요. 여권과 확인서 좀 보여 주시겠어요?
Welcome. May I see your passport and voucher(confirmation slip)?
웰컴. 메이 아이 씨 유어 패스포트 앤 바우쳐(컨퍼메이션 슬립)?

나　여기요.
Here you go.
히얼 유 고우.

직원 감사합니다. 231호실이고요. 키 여기 있습니다.

Thank you. Your room is 231. And here are your keys.

땡큐. 유어 룸 이즈 투 써티원. 앤 히얼 아 유어 키즈.

직원 룸 서비스입니다. 무엇을 도와 드릴까요?

Room service. What can I do for you?

룸 서비스. 왓 캐나이 두 포유?

나 내일 아침 6시에 모닝콜 부탁합니다.

I'd like a wake-up call at 6 a.m., please.

아이드 라이커 웨이컵 콜 앳 씩스 에이엠, 플리즈.

직원 알겠습니다. 몇 호실이시죠?

OK. Your room number, please?

오케이. 유어 룸 넘버 플리즈?

나 231호실이에요.

It's 231. (two thirty-one)

잇츠 투 써티원.

나 한국에 전화 걸고 싶습니다.

I would like to place a call to Korea, please.

아이웃 라익 투 플레이스 어 콜 투 코리아, 플리즈.

교환 번호가 어떻게 되나요?

What's the number?

왓츠 더 넘버?

In the Hotel
Dialogues

나   02-123-4567

Zero two, one twenty three, four five six seven.

제로 투, 원 투웬티 쓰리, 포 파이브 씩스 세븐.

나   501번 방인데요. 화장실 물이 안 내려갑니다.

Excuse me. This is room 501. The toilet won't flush.

익스큐즈 미. 디스 이즈 룸 파이브 오 원. 더 토일럿 워운트 플러쉬.

프론트   불편하게 해 드려 정말 죄송합니다. 사람을 지금 바로 보내겠습니다.

I am so sorry for the inconvenience. I'll send the plumber right away.

아이 엠 쏘우 쏘리 포 디 인컨비니언스. 아일 센드 더 플러머 라잇 어웨이.

나   침대 시트도 더러워요. 다른 방으로 바꾸면 안 될까요?

The bed sheets are also dirty. Can I change to another room?

더 베드 쉬츠 아 올쏘 더티. 캐나이 췌인지 투 어나더 룸?

프론트   비어 있는 방이 있는지 바로 확인해 보겠습니다.

I'll see if there is a vacant room right away.

아일 씨 이프 데얼 이즈 어 베이컨트 룸 라잇 어웨이.

나   고맙습니다.

Thank you.

땡큐.

상황별 필수 대화!
통하는 대화

나 체크아웃 하려고 해요.
I would like to check out.
아이 우 라익 투 췌카웃.

호텔 직원 방 번호랑 성함 부탁 드려요.
Room number and name, please.
룸 넘버 앤 네임 플리즈.

나 708호이고, 송혜교예요.
Room seven zero eight, and my name is Song, Hye kyo.
룸 세븐 제로 에이트 앤 마이 네임 이즈 송혜교.

호텔 직원 냉장고 안에 음료수나 룸서비스, 국제전화 사용하셨나요?
Did you use the mini-bar, order room service, or make any international calls?
디쥬 유즈 더 미니 바, 오더 룸 서비스, 오어 메이크 애니 인터내셔널 콜즈?

나 국제전화만 사용했어요. 총 금액이 얼마죠?
Just one long distance call. How much was it?
저스트 원 롱 디스턴스 콜. 하우 머치 워즈 잇?

호텔 직원 800불입니다.
It's eight hundred dollars.
이츠 에이트 헌드레드 달러즈.

나 신용카드 받으세요?
Do you take credit cards?
두 유 테익 크레딧 카즈?

이런 말을 듣게 돼요!

얼마 동안 묵으실 예정인가요?
How long will you be staying?
하우 롱 윌 유 비 스테잉?

며칠 투숙하실 예정인가요?
How many nights will you be staying?
하우 매니 나이츠 윌 유 비 스테잉?

결제는 어떻게 하실 건가요?
How will you make the payment?
하우 윌 유 메익 더 페이먼트?

지불은 현금입니까, 카드입니까?
Cash or credit card?
캐쉬 오어 크레딧 카드?

예약하셨습니까?
Do you have a reservation?
두 유 해버 레저베이션?

예약이 되어 있지 않습니다.
I'm afraid we didn't get your reservation.
아임 어프레이드 위 디든 게츄어 레저베이션.

필수 표현

예약이 다 찼습니다.
We are fully booked.
위 아 풀리 북트.

빈 방이 없습니다.
We have no vacancies.
위 해브 노우 베이컨시즈.

날짜는요?
For what dates?
포 왓 데이츠?

성함의 철자가 어떻게 되나요?
How do you spell your name?
하우 두유 스펠 유어 네임?

프론트입니다. 무엇을 도와드릴까요?
Front desk, may I help you?
프론트 데스크, 메이 아이 헬프 유?

방 번호가 어떻게 되나요?
What is your room number?
왓 이즈 유어 룸 넘버?

10분 뒤 확인 전화 드릴까요?
Would you like a follow-up call ten minutes later? 우쥬 라이커 팔로업 콜 텐 미니츠 레이터?

In the Hotel
Expressions

 3-5

이렇게 말해 보세요!

빈 방 있나요?
Do you have any vacancies?
두 유 해브 애니 베이컨시즈?

Kim으로 예약되어 있습니다.
I have a reservation under the name Kim.
아이 해버 레저베이션 언더 더 네임 킴.

제 이름은 김이고 이틀 예약되어 있습니다.
My name is Kim and I have a reservation for two nights.
마이 네임 이즈 킴 앤 아이 해버 레저베이션 포 투 나이츠.

항구가 보이는 방이면 좋겠습니다.
I'd prefer a room with a harbor view.
아이드 프리퍼 어 룸 위더 하버 뷰.

예약하지 않았습니다.
I don't have a reservation.
아이 돈 해버 레저베이션.

아침은 포함되어 있나요?
Is breakfast included?
이즈 브렉퍼스트 인클루디드?

필수 표현

제 귀중품을 맡아 주시겠어요?
Could you take care of my valuables, please?
쿠쥬 테이크 케어 어브 마이 밸류어블즈, 플리즈?

셔츠를 세탁하는 데는 시간이 얼마나 걸리나요?
How long does it take to have shirts cleaned?
하우 롱 더짓 테익 투 해브 셔츠 클린드?

방이 너무 추워요.
The room is too cold.
더 룸 이즈 투 콜드.

물이 안 나와요.
The water doesn't work.
더 워터 더즌트 월크.

변기가 막혔습니다.
The toilet is clogged up.
더 토일릿 이즈 클라그드 업.

온도 조절기는 어떻게 사용하나요?
How do I adjust the thermostat?
하우 두 아이 어저스트 더 써모스탯?

몇 시까지 짐을 맡겨 놓을 수 있나요?
Until what time can I leave my luggage here?
언틸 왓 타임 캐나이 리브 마이 러기쥐 히얼?

In the Hotel
Expressions 3-5

체크아웃 시간이 몇 시에요?
What time is check-out?
왓 타임 이즈 췌카웃?

오후 3시로 체크아웃 시간을 미뤄도 될까요?
Could I push back my check-out time until 3 p.m.?
쿳아이 푸쉬 백 마이 췌카웃 타임 언틸 쓰리 피엠?

유료 TV를 보지 않았어요.
I didn't watch any pay TV programs.
아이 디든 워취 애니 페이 티뷔 프로그램즈.

청구서가 잘못된 것 같아요.
I think there's something wrong with the bill.
아이 띵크 데얼즈 썸띵 렁 위더 빌.

영수증 주세요.
Receipt, please.
뤼씻트, 플리즈.

계산서 좀 작성해 주세요.
Please make out my bill.
플리즈 메이카웃 마이 빌.

바는 몇 시까지 하나요?
How late is the bar open?
하우 레잇 이즈 더 바 오픈?

필수 표현

호텔 피트니스 센터 운영 시간이 어떻게 되나요?
What are the hours for the hotel fitness center?
왓 아 디 아우어즈 포 더 호텔 피트니스 센터?

아침 식사는 몇 시에 시작하나요?
What time does breakfast start?
왓 타임 더즈 브렉퍼스트 스타트?

제게 온 메시지 있나요?
Is there a message for me?
이즈 데얼 어 메시지 포 미?

귀중품을 여기 좀 맡길 수 있나요?
Can I leave valuables here?
캐나이 리브 밸류어블즈 히얼?

이건 무슨 비용이죠?
What is this charge for?
왓 이즈 디스 촤지 포?

제 방으로 사람 좀 보내 주시겠어요?
Can you send someone up to my room?
캔유 쎈드 썸원 업 투 마이 룸?

감사합니다. 덕분에 잘 쉬었습니다.
Thank you very much. I had a great time.
땡큐 베리 머취. 아이 해드 어 그레잇 타임.

In the Hotel
Useful Words
유용한 단어!
숙소에서 ◎ 3-6

check-in 췌킨 | 체크인
check-out 췌카웃 | 체크아웃
single bed 싱글 베드 | 1인용 침대
twin bed 트윈 베드 | 1인용 침대 2개
double bed 더블 베드 | 2인용 침대
queen size bed 퀸 사이즈 베드 | 퀸 사이즈 침대
complimentary 컴플리멘터리 | 무료
adapter 어댑터 | 어댑터
outlet 아울릿 | 콘센트
shuttle bus service 셔틀 버스 서비스 | 셔틀 버스 서비스
drain 쥬레인 | 배수구
hot water 핫 워터 | 온수
cold water 콜드 워터 | 냉수
faucet 퍼싯 | 수도꼭지
razor 뤠이저 | 면도기
brush, comb 브러쉬, 코움 | 머리빗
wireless Internet 와이어리스 인터넷 | 무선 인터넷
hair dryer 헤어 쥬라이어 | 드라이기
pillow 필로우 | 베개
wake-up call 웨이컵 콜 | 모닝콜
laundry service 런쥬리 서비스 | 세탁 서비스
in-room safe 인룸 세이프 | 객실 내 금고
thermostat 써모스탯 | 온도조절기
remote control 리모트 컨트롤 | 리모콘
air conditioner 에어 컨디셔너 | 에어컨
refrigerator 리프리져레이터 | 냉장고
valet parking 발레 파킹 | 주차 서비스
heater 히터 | 히터
foot massage 풋 머싸쥐 | 발 마사지
valuables 밸류어블즈 | 귀중품
ground floor 그라운드 플로어 | 1층(영국)
first floor 퍼스트 플로어 | 1층(미국), 2층(영국)

In the Hotel
Tips

호텔 체크인

체크인을 할 때, 직원이 여권과 확인서(미리 예약을 했을 경우)를 요구하는데요. 이것을 보여 주고, 숙박 카드를 주는 경우에는 숙박 카드 내용을 기입하면 됩니다.

호텔 프런트 데스크에 있는 호텔 명함을 챙겨 두면 나중에 택시를 탈 때 택시 기사에게 보여 주거나 길을 잃었을 때 사용할 수 있겠죠?

객실 키는 잃어버리기 쉽습니다. 여분의 키를 수는 경우도 많지만, 항상 정해진 곳에 두거나 외출 시 프런트 데스크에 맡겨도 됩니다.

방 번호 읽는 방법

우리는 숫자와 방 번호 읽는 방법이 똑같지만 영어에서는 좀 다른데요. 세 자리 수 방 번호의 경우 앞의 한 자리 다음에서 끊고, 뒤의 두 자리는 함께 읽습니다. 예를 들어, 231호는 **two thirty-one**(투 써티원)이고, 350호는 **three fifty**(쓰리 피프

티)죠. 네 자리 수 방 번호의 경우 두 자리씩 끊어 읽습니다. 예를 들어, 1412호는 **fourteen-twelve**(포틴 투웰브), 1042호는 **ten forty-two**(텐 포티투)라고 읽습니다.

In the Hotel
Tips

또 중간에 0이 들어가는 경우 0을 oh라고 발음하는데요. 202호는 two oh two(투 오 투), 1205호는 twelve oh five(투웰브 오 파이브)라고 읽습니다. 헷갈리시면 zero(지로)라고 해도 됩니다.

호텔방 문고리에 걸어 두는 사인
Please make up my room. 플리즈 메이크 업 마이 룸. | 방 청소해 주세요.
외출 시 방 청소를 원할 때 걸어 두세요. 보통은 손님이 외출할 때 하루에 한 번씩 와서 청소 및 정돈을 해 줍니다.

Do not disturb. 두 낫 디스터브. | 방해하지 마세요.
외출하지 않고 객실 안에서 쉬고 있을 때 걸어 두면 방해 받지 않을 수 있답니다.

세탁 서비스
호텔에는 세탁 서비스가 있으니 세탁을 요구해도 되는데, 호텔에 따라 세탁 비용을 청구하는 경우도 있습니다. 대개 탁자나 침대 머리맡에 청소부 팁을 1달러 정도 놓아 둡니다.

알아 두면 좋아요!
숙소에서

미니 바 이용하기

호텔이나 숙박 업소에는 미니 바가 있습니다. 조그만 냉장고인데, 문을 열면 맥주, 칩, 땅콩 등 먹을 것이 들어 있습니다. 그러나 마음대로 먹었다가는 체크아웃할 때 놀랄 수 있으니 조심하세요! 미니 바에서 꺼내 먹은 음식은 요금 청구가 되어 마지막 날 정산해야 합니다. 대신 테이블 위에 놓여 있는 물은 공짜입니다. 보통 free(프리) 또는 complimentary(컴플리멘터리)라고 쓰여 있는데요, 이 물은 마음껏 드셔도 된답니다. 빈 병은 또 무한 리필도 되니까요.

교통편 이용하기
Transportation

Words 단어만으로도 말이 되네!
Patterns 한 가지 패턴으로 여러가지 말을!
Dialogues 상황별 필수 대화!
Expressions 필수 표현!
Useful Words 유용한 단어!
Tips 알아 두면 좋아요!

Transportation
Words
 4-1

---

1. 길을 잃었을 때
I'm lost.
아임 로스트. | 길을 잃었습니다.

☞ I seem to be lost.
아이 씸 투비 로스트. | 길을 잃은 것 같아요.

---

2. 얼마나 머냐고 물어볼 때
How far?
하우 파? | 얼마나 머나요?

☞ How far is it from here?
하우 파 이즈 잇 프롬 히얼? | 여기서 얼마나 머나요?

---

3. 요금을 물어볼 때
How much?
하우 머치? | 요금이 얼마인가요?

☞ What's the fare?
왓츠 더 페어? | 요금이 얼마인가요?

---

4. 택시에서 시청으로 데려가 달라고 할 때
City Hall.
씨티 홀. | 시청이요.

☞ Take me to City Hall, please.
테익 미 투 씨티 홀, 플리즈. | 시청으로 가 주세요.

통하는 단어

5. **목적지를 종이에 적어서 택시기사에게 보여 주며 데려가 달라고 할 때**

   Here.

   히얼. | 여기요.

   ☞ Take me to this place, please.

   테익 미 투 디스 플레이스, 플리즈. | 여기로 데려가 주세요.

---

6. **차 렌트하는 데 하루에 얼마냐고 물어볼 때**

   How much for one day?

   하우 머취 포 원 데이? | 하루에 얼마에요?

   ☞ How much is it to rent a car for one day?

   하우 머취 이즈 잇 투 렌터 카 포 원 데이? | 차 하루 빌리는 데 얼마에요?

---

7. **좌회전해 달라고 할 때**

   Turn left.

   턴 레프트. | 좌회전이요.

   ☞ Make a left, please.

   메이커 레프트, 플리즈. | 좌회전해 주세요.

---

8. **택시에서 속도를 늦춰 달라고 말할 때**

   Slower.

   슬로워. | 더 천천히 가 주세요.

   ☞ Slow down, please.

   슬로우 다운, 플리즈. | 속도 좀 줄여 주세요.

Transportation
Words

 4-1

9. 세워 달라고 할 때

Stop here.
스탑 히얼. | 여기서 세워 주세요.

☞ Pull over here, please.
풀 오버 히얼, 플리즈. | 여기서 세워 주세요.

---

10. 표 한 장 살 때

One ticket.
원 티킷. | 티켓 한 장이요.

☞ I'd like one ticket, please.
아이드 라익 원 티킷, 플리즈. | 티켓 한 장 주세요.

---

11. 예약하고자 할 때

Reservation.
레저베이션. | 예약이요.

☞ I'd like to make a reservation, please.
아이드 라익 투 메이커 레저베이션, 플리즈. | 예약하고 싶습니다.

---

12. 열차 시간표를 달라고 할 때

Timetable.
타임테이블. | 시간표요.

☞ I'd like to have the timetable, please.
아이드 라익 투 해브 더 타임테이블, 플리즈. | 시간표 좀 주세요.

13. 열차를 탈 때 지정석을 달라고 할 때

Reserved seat.

리저브드 씨잇. | 지정석이요.

☞ I'd like a reserved seat, please.

아이드 라이커 리저브드 씨잇, 플리즈. | 지정석으로 주세요.

---

14. 차 렌트 시 하루 요금이 얼마인가를 물어볼 때

What's the rate?

왓츠 더 레이트? | 요금이 어떻게 되나요?

☞ What's the daily rate?

왓츠 더 데일리 레이트? | 하루 요금이 어떻게 되나요?

---

15. 다음 정거장을 물어볼 때

Next stop?

넥스트 스탑? | 다음 정거장은요?

☞ Excuse me, what's the next stop?

익스큐즈 미, 왓츠 더 넥스트 스탑?

| 실례합니다만, 다음 정거장은 어디인가요?

Transportation
Words

 4-1

16. 차 주유 시 50리터 넣어 달라고 할 때

50 liters.

피프티 리터즈. | 50리터 넣어 주세요.

☞ **I'd like 50 liters.**

아이드 라이크 피프티 리터즈. | 50리터 넣어 주세요.

---

17. 차 주유할 때 가득 넣어달라고 할 때

Fill it up.

필잇 업. | 가득 넣어 주세요.

☞ **Fill it up, please.**

필잇 업, 플리즈. | 가득 넣어 주세요.

---

18. 출구를 물어볼 때

Exit for Sunday Inn?

엑싯 포 썬데이 인? | 썬데이 인으로 가는 출구는 어디입니까?

☞ **Excuse me, what is the exit for Sunday Inn?**

익스큐즈 미, 왓 이즈 더 엑싯 포 썬데이 인?

| 실례합니다만, 썬데이 인으로 가는 출구는 어디입니까?

---

19. 보험료가 포함되었는지 물어볼 때

Insurance included?

인슈런스 인클루디드? | 보험료는 포함되었나요?

☞ **Does this price include the insurance fee?**

더즈 디스 프라이스 인클루드 디 인슈런스 피?

| 보험료가 포함된 요금인가요?

단어만으로도 말이 되네!
통하는 단어

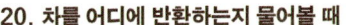

20. 차를 어디에 반환하는지 물어볼 때

Where do I return?

웨얼 두 아이 리턴? | 어디에 반환합니까?

☞ Where should I return the car?

웨얼 슈라이 리턴 더 카? | 차는 어디에 반환하면 되나요?

---

21. 노선을 물어볼 때

To the airport?

투 디 에어폴트? | 공항까지 가요?

→ Does this go to the airport?

더즈 디스 고우 투 디 에어폴트? | 이 차는 공항까지 갑니까?

---

22. 목적지까지 몇 정거장인지 물어볼 때

How many stops?

하우 매니 스탑스? | 몇 정거장인가요?

→ How many stops to the museum?

하우 매니 스탑스 투 더 뮤지엄? | 박물관까지는 몇 정거장 가야 합니까?

Transportation
Patterns
 4-2

Where is _____?
웨얼 이즈 ~? | ~는 어디 있나요?

Where is **the nearest subway station**?
웨얼 이즈 더 니어리스트 서브웨이 스테이션? | 가장 가까운 지하철역이 어디 있나요?

Where is **the post office**?
웨얼 이즈 더 포스트 오피스? | 우체국이 어디 있나요?

Where is **the taxi stand**?
웨얼 이즈 더 택시 스탠드? | 택시 승강장이 어디 있나요?

Please tell me the way to _____.
플리즈 텔미 더 웨이 투 ~ | ~로 가는 길을 가르쳐 주세요.

Please tell me the way to **City Hall**.
플리즈 텔미 더 웨이 투 씨티 홀. | 시청에 가는 길을 가르쳐 주세요.

Please tell me the way to **the bank**.
플리즈 텔미 더 웨이 투 더 뱅크. | 은행에 가는 길을 가르쳐 주세요.

Please tell me the way to **the museum**.
플리즈 텔미 더 웨이 투 더 뮤지엄. | 박물관에 가는 길을 가르쳐 주세요.

How can I get to _____?
하우 캐나이 겟 투 ~? | ~로 어떻게 가나요?

How can I get to **City Hall**?
하우 캐나이 겟 투 씨티 홀? | 시청에 어떻게 가나요?

How can I get to **the nearest restaurant**?
하우 캐나이 겟 투 더 니어리스트 레스토랑? | 가장 가까운 레스토랑에 어떻게 가나요?

How can I get to **the square**?
하우 캐나이 겟 투 더 스퀘어 | 광장에 어떻게 가나요?

Can I go there _____?
캐나이 고우 데어 ~? | 거기 ~로 갈 수 있나요?

Can I go there **on foot**?
캐나이 고우 데어 언 풋? | 거기 걸어서 갈 수 있나요?

Can I go there **by train**?
캐나이 고우 데어 바이 츄레인? | 거기 기차로 갈 수 있나요?

Can I go there **by bus**?
캐나이 고우 데어 바이 버스? | 거기 버스로 갈 수 있나요?

I'd like to _____.
아이드 라익 투 ~ | ~하고 싶어요.

I'd like to **rent a car**.
아이드 라익 투 렌터 카. | 차를 렌트하고 싶어요.

I'd like to **have a ticket to New York**.
아이드 라익 투 해브 어 티킷 투 뉴욕. | 뉴욕행 비행기표를 사고 싶어요.

I'd like to **return this car**.
아이드 라익 투 리턴 디스 카. | 차를 반납하고 싶어요.

I'd like to **reserve a sleeping car**.
아이드 라익 투 리저브 어 슬리핑 카. | 침대차를 예약하고 싶어요.

Where can I _____?
웨얼 캐나이 ~? | 어디서 ~할 수 있나요?

Where can I **buy a ticket**?
웨얼 캐나이 바이 어 티킷? | 어디서 표를 살 수 있나요?

Transportation
Patterns

 4-2

Where can I **find the bus station**?
웨얼 캐나이 파인더 버스 스테이션? | 어디서 버스 정류장을 찾을 수 있나요?

Where can I **get a map of the city**?
웨얼 캐나이 겟어 맵 오브 더 씨티? | 어디서 도시의 지도를 살 수 있나요?

Where can I **find a train map**?
웨얼 캐나이 파인드 어 츄레인 맵? | 어디서 기차 노선도를 구할 수 있나요?

Please show me how to _____.
플리즈 쇼우 미 하우 투 ~ | ~ 방법을 알려 주세요.

Please show me how to **use the vending machine**.
플리즈 쇼우 미 하우 투 유즈 더 벤딩 머신. | 자동 판매기 사용하는 방법을 알려 주세요.

Please show me how to **fill the gas tank**.
플리즈 쇼우 미 하우 투 필 더 개스 탱크. | 기름 넣는 방법을 알려 주세요.

Could you tell me the way to _____?
크쥬 텔미 더 웨이 투 ~? | ~로 가는 길 좀 알려 주시겠어요?

Could you tell me the way to **the Sheraton Hotel**?
크쥬 텔미 더 웨이 투 더 쉐라톤 호텔? | 쉐라톤 호텔로 가는 길 좀 알려 주시겠어요?

Could you tell me the way to **the museum**?
크쥬 텔미 더 웨이 투 더 뮤지엄? | 박물관으로 가는 길 좀 알려 주시겠어요?

Could you tell me the way to **Central Station**?
크쥬 텔미 더 웨이 투 센트럴 스테이션? | 중앙역으로 가는 길 좀 알려 주시겠어요?

한 가지 패턴으로 여러가지 말을!
통하는 패턴

I want to go to _____.
아이 원투 고우 투 ~ | ~로 가려고 합니다.

I want to go to **this address**.
아이 원투 고우 투 디스 어쥬레스. | 여기 주소로 가려고 합니다.

I want to go to **the nearest subway station**.
아이 원투 고우 투 더 니어리스트 서브웨이 스테이션.
| 가장 가까운 지하철역으로 가려고 합니다.

I want to go to **the Sheraton Hotel**.
아이 원투 고우 투 더 쉐라톤 호텔. | 쉐라톤 호텔로 가려고 합니다.

I want _____. 아이 원트 ~ | ~를 원해요.

I want **insurance coverage**.
아이 원트 인슈런스 커버리쥐. | 종합 보험 가입을 원해요.

I want **an automatic car**.
아이 원트 언 오토매틱 카. | 오토 차를 원해요.

I want **a medium-sized car**.
아이 원트 어 미디엄 사이즈드 카. | 중형차를 원해요.

I want **the upper compartment**.
아이 원트 디 어퍼 베드. | 상층 객실을 원해요.

I want **a one-way ticket to New York**.
아이 원트 어 원웨이 티킷 투 뉴욕. | 뉴욕행 편도 표를 원해요.

Transportation
Dialogues

 4-3

나　　실례합니다. 트럼프 타워가 어디에 있죠?
Excuse me. Where is the Trump Tower?
익스큐즈 미. 웨얼 이즈 더 트럼프 타워?

행인　두 블록 더 가서서 코너에서 오른쪽으로 도세요.
Go two blocks and turn right at the corner.
고우 투 블럭스 앤 턴 라잇 앳 더 코너.

나　　감사합니다.
Thank you.
땡큐.

택시기사　어디로 가세요?
Where to?
웨얼 투?

나　　자연사 박물관이요.
The American Museum of Natural History, please.
디 어메리컨 뮤지엄 오브 내츄럴 히스토리, 플리즈.

택시기사　도착했습니다.
Here we are.
히얼 위 아.

나　　얼마에요?
How much is the fare?
하우 머취 이즈 더 페어?

상황별 필수 대화!
통하는 대화

택시기사 20달러에요.
It's 20 dollars.
잇츠 투웬티 달러즈.

나 어떤 버스가 브로드웨이로 가나요?
Which bus goes to Broadway?
위치 버스 고우즈 투 브로드웨이?

행인 길 건너에서 M-60번 버스를 타세요.
Take the M-60 across the street.
테익 더 엠 씩스티 어크로스 더 스트릿.

나 파리행 편도 한 장 주세요.
One one-way ticket to Paris, please.
원 원웨이 티킷 투 패리스, 플리즈.

직원 3시 차 괜찮으세요?
Is the three o'clock train okay?
이즈 더 쓰리 어클락 츄레인 오케이?

나 네. (파리행) 침대차 칸은 얼마인가요?
Yes. How much is the sleeping car (to Paris)?
예스. 하우 머치 이즈 더 슬리핑 카 투 패리스?

직원 20달러에요. 표 여기 있습니다. 2번 플랫폼입니다.
It's 20 dollars. Here's the ticket. You can take the train at platform 2.
잇츠 투웬티 달러즈. 히얼즈 더 티킷. 유 캔 테익 더 츄레인 앳 플랫폼 투.

나 안녕하세요. 차를 빌리고 싶어요.

Hello. I'd like to rent a car.

헬로우. 아이드 라익 투 렌터 카.

직원 어떤 차를 원하세요?

Which model do you want?

위치 마들 두 유 원트?

나 오토 소형차요.

A compact car with automatic transmission.

어 컴팩트 카 위드 오토매틱 트랜스미션.

직원 얼마 동안이요?

For how long?

포 하우 롱?

나 5일이요.

For five days.

포 파이브 데이즈.

직원 운전 면허증을 보여 주세요.

Show me your driver's license, please.

쇼우 미 유어 쥬라이버즈 라이슨스, 플리즈.

In the Hotel
Expressions 4-4

이런 말을 듣게 돼요!

길을 알려 드릴게요.
I'll show you.
아일 쇼우 유.

따라오세요.
Follow me.
팔로우 미.

저도 여기 잘 몰라요.
I'm not from around here myself.
아임 낫 프롬 어라운드 히얼 마이셀프.

여기서 멀지 않아요.
It's not far from here.
잇츠 낫 파 프롬 히얼.

쉽게 찾으실 수 있을 거예요.
You can't miss it.
유 캔트 미쓰 잇.

길을 건너세요.
Cross the street.
크로스 더 스트릿.

필수 표현

다음 코너에서 왼쪽으로 도세요.
Turn left at the next corner.
턴 레프트 앳 더 넥스트 코너.

손님, 어디로 모실까요?
Where to, sir(madam)?
웨얼 투, 써(매덤)?

생각해 두신 특정 모델이 있으십니까?
Do you have a specific model in mind?
두 유 해브 어 스퍼씨픽 마들 인 마인드?

다음 코너에서 좌회전해서 두 블록 직진하세요.
Turn left at the next corner and go straight two blocks.
턴 레프트 앳 더 넥스트 코너 앤 고우 스츄레잇 투 블럭스.

다음 역은 시청입니다.
Next stop is City Hall.
넥스트 스탑 이즈 씨티 홀.

매 15분마다 출발합니다.
It leaves every fifteen minutes.
잇 리브즈 에브리 피프틴 미닛츠.

Transportation
Expressions 4-5

이렇게 말해 보세요!

얼마나 걸리나요?
How long does it take to get there?
하우 롱 더짓 테익 투 겟 데얼?

버스는 언제 출발하나요?
When does the bus leave?
웬 더즈 더 버스 리브?

이 근처에 택시 정류장이 있나요?
Is there a taxi stand around here?
이즈 데얼 어 택시 스탠드 어라운드 히얼?

트렁크 좀 열어 주세요.
Please open the trunk.
플리즈 오픈 더 트렁크.

늦었어요. 서둘러 주세요.
I'm late. Please hurry.
아임 레이트. 플리즈 허뤼.

잔돈은 가지세요.
Keep the change.
킵 더 체인지.

Transportation
Expressions

센트럴 스테이션까지 몇 정거장입니까?
How many stops to Central Station?
하우 매니 스탑스 투 센츄럴 스테이션?

요금은 버스에서 지불하나요?
Do I pay on the bus?
두아이 페이 언더 버스?

가장 가까운 버스 정류장이 어디인가요?
Where is the nearest bus stop?
웨얼 이즈 더 니어리스트 버스 스탑?

요금은 얼마인가요?
What is the fare?
왓 이즈 더 페어?

좌석을 예약하고 싶습니다.
I'd like to reserve a seat.
아이드 라익 투 리저브 어 씨잇.

어디서 내려야 하는지 말씀해 주시겠어요?
Can you tell me where to get off?
캔유 텔미 웨얼 투 겟 오프?

여기서 내리세요.
Here's your stop.
히얼즈 유어 스탑.

필수 표현

다음 역이 어디죠?
Where's the next stop?
웨얼즈 더 넥스트 스탑?

이 자리 임자 있나요?
Is this seat taken?
이즈 디스 씨잇 테이큰?

직행 노선인가요?
Is it a direct route?
이즈 잇 어 다이렉트 루트?

식당차는 어디 있나요?
Where is the dining car?
웨얼 이즈 더 다이닝 카?

7시 급행표 한 장 주세요.
One ticket for express at seven, please.
원 티킷 포 익스프레스 앳 세븐, 플리즈

표는 어디서 사나요?
Where can I buy a ticket?
웨얼 캐나이 바이어 티킷?

다음 열차는 몇 시 출발인가요?
What time does the next train leave?
왓 타임 더즈 더 넥스트 츄레인 리브?

필수 표현

타임 스퀘어로 가려면 몇 호선을 타야 하나요?
Which line goes to Time Square?
위치 라인 고우즈 투 타임 스퀘어?

요금은 얼마인가요?
How much is the fare?
하우 머취 이즈 더 페어?

라스베가스에서 차를 반환하고 싶어요.
I'd like to drop it off in Las Vegas.
아이드 라익 투 쥬랖잇 오프 인 라스베이거스.

종합 보험에 가입하고 싶어요.
I want comprehensive(full coverage) insurance.
아이 원트 컴프리헨시브(풀 커버리쥐) 인슈런스.

차를 반환하고 싶습니다.
I want to return this car.
아이 원투 리턴 디스 카

보험은 언제부터 유효하나요?
When will my coverage begin?
웬 윌 마이 커버리쥐 비긴?

Transportation
Useful Words

🎧 4-6

round-trip ticket 라운드 트립 티킷 | 왕복 표
stopover 스탑 오버 | 도중하차
right 라잇 | 오른쪽
left 레프트 | 왼쪽
front 프론트 | 앞
back 백 | 뒤
east 이스트 | 동
west 웨스트 | 서
south 싸우쓰 | 남
north 노얼쓰 | 북
next to 넥스 투 | 옆
one-way 원 웨이 | 일방통행
speed bump 스피드 범프 | 과속방지턱
traffic sign 츄래픽 싸인 | 교통표지판
underpass 언더패스 | 지하도
overpass 오버패스 | 육교
red light 레드 라잇 | 빨간불
green light 그린 라잇 | 녹색불
yellow light 옐로우 라잇 | 노란불
sidewalk 싸이드 웍 | 인도
bridge 브뤼쥐 | 다리
crosswalk 크로스 웍 | 횡단보도
taxi stand 택시 스탠드 | 택시정류장
change 췌인지 | 거스름돈
receipt 뤼씨트 | 영수증
traffic jam 츄래픽 잼 | 교통체증
rest stop 레스트 스탑 | 휴게소
fare 풰어 | 요금
get on 겟 언 | 타다
get off 겟 오프 | 내리다
departure 디파춰 | 출발
stoppage 스탑피쥐 | 정차

유용한 단어!
교통편 이용하기

city bus 시티 버스 | 시내 버스
tour bus 투어 버스 | 관광 버스
direct bus 다이렉트 버스 | 직행 버스
double-decker bus 더블 데커 버스 | 2층 버스
bus timetable 버스 타임테이블 | 버스 운행시간표
ticket machine 티킷 머신 | 티켓 자판기
luggage compartment 러기쥐 컴파트먼트 | 짐칸
express train 익스프레스 츄레인 | 급행열차
berth charge 버쓰 촤지 | 침대 요금
1st class seat 퍼스트 클래스 씨잇 | 일등석
2nd class seat 세컨드 클래스 씨잇 | 이등석
ticket office 티킷 오피스 | 매표소
reserved seat 리저브드 씨잇 | 지정석
non-reserved seat 넌 리저브드 씨잇 | 자유석
rush hour 러쉬 아워 | 출퇴근 혼잡시간대
parking meter 파킹 미터 | 주차요금기
flat tire 플랫 타이어 | 타이어 펑크
international driver's license 인터네셔널 쥬라이비스 라이슨스 | 국제 운전면허증
on foot 언 풋 | 걸어서
automatic (transmission) 오토매틱 츄랜스미션 | 자동변속기
manual (transmission), stick shift 매뉴얼 츄랜스미션, 스틱 쉬프트 | 수동변속기
convertible 컨버터블 | 오픈카
two-seater 투 씨잇터 | 2인승 차
van 밴 | 승합차
compact car 컴팩트 카 | 소형차
gas station 개스 스테이션 | 주유소
insurance 인슈런스 | 보험
photo ID 포토 아이디 | 사진 있는 신분증
traffic accident 츄래픽 엑시던트 | 자동차 사고
registration 레지스츄레이션 | 차량 등록증
fine 파인 | 벌금

Transportation
Tips

버스

● **버스 버튼이 어디 있지?**

미국 버스에 타서 내리기 위해 버스 버튼을 찾으면 낭패를 보기 쉬운데요, 버튼이 아니라 줄이 있기 때문입니다. 줄이 버스 안에 창문 쪽으로 죽 연결되어 있고, 줄을 당기면 다음에 내린다는 신호입니다.

● **버스 시간표**

유럽에 가면 버스 정류장에 버스 시간표가 붙어 있는 경우가 있는데요, 나라별로 특징이 다르답니다. 독일에 가면 버스가 정확히 버스 시간표에 맞게 오는데, 흔히 국민성이 여유 있다고들 하는 그리스 같은 남유럽은 버스 시간표대로 오는 경우가 많지 않습니다.

택시

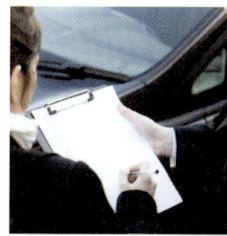

영어 발음에 자신이 없어 택시를 이용하기가 불안하시다면, 주소를 적어서 기사에게 "Take me to this address, please.(테이크 미 투 디스 어쥬레스, 플리즈. | 이 주소로 가 주세요.)"라고 하는 것이 확실한 방법입니다. 그리고 미국에서는 택시 기사에게도 팁을 주는데요, 요금의 10% 정도 주면 무난합니다.

자동차 렌트

외국에서 차를 렌트하려면 한국에서 미리 야후 같은 사이트에 들어가서 예약을 하고 떠나세요. 가격 비교가 잘 되어 있답니다. 차를 렌트할 경우 Hertz(허츠), Budget(버짓트), Alamo(알라모), Enterprise(엔터프라이즈)와 같은 큰 회사에서 빌리는 게 아무래도 낫겠죠? 장기간 렌트하는 경우 요금을 잘 체크해 보세요. 주 단위로 렌트할 경우 할인해 주는 곳도 있으니까요. 그리고 보험료는 얼마인지 꼼꼼히 체크해 보세요. 보험료가 만만치 않답니다.

Transportation
Tips

지하철
외국의 지하철은 대부분 작습니다. 서울 지하철이 세계에서 가장 크다고 하네요. 그리고 외국의 지하철 좌석은 4개 단위로 마주 보고 앉는 자리가 많아서 시선 처리가 부담스러울 수 있어요.

미국 뉴욕 지하철·버스 이용하기

뉴욕은 버스와 지하철 연결이 잘 되어 있고, 메트로 카드를 이용하면 일반 버스(M같은 글자가 없는 일반 버스)를 제외하고 지하철, 버스 대부분 환승이 가능합니다. 버스와 지하철은 메트로 카드 하나로 탈 수 있는데 카드는 크게 Pay-Per-Ride (Regular)(페이 퍼 롸이드(레귤러)), Unlimited Ride(언리미티드 롸이드), EasyPayExpress(이지 페이 익스프레스) 세 종류가 있습니다.

• **Pay-Per-Ride (Regular) MetroCard**
$4.50~$80까지 원하는 요금대로 구입, 이용이 가능하며 $8 이상 충전하는 경우에는 15%의 bonus를 받을 수 있습니다.

• **Unlimited Ride MetroCard**
무제한으로 버스와 지하철을 이용할 수 있는 카드입니다.

1-Day Fun Pass ($8.25)
처음 사용 시작 시간부터 돌아오는 새벽 3시까지 무제한 이용 가능하며, 카드 자판기와 가게에서 구입할 수 있습니다.
7-Day Unlimited Ride MetroCard ($27, 할인가 $13.50)
처음 사용하는 날부터 7일째 12시까지 무제한 이용 가능합니다.
14-Day Unlimited Ride MetroCard ($51.50, 할인가 $25.75)
처음 사용하는 날부터 14일째 12시까지 무제한 이용 가능합니다.

알아 두면 좋아요!
교통편 이용하기

30-Day Unlimited Ride MetroCard ($89, 할인가 $44.50)
처음 사용하는 날부터 30일째 12시까지 무제한 이용 가능합니다.
7-Day Express Bus Plus MetroCard ($45)
처음 사용하는 날부터 7일째 12시까지 express & local bus, subway 무제한 이용 가능합니다.

• **EasyPayExpress MetroCard**
자동으로 충전이 되는 카드로 Pay-Per-Ride, 30-Day Unlimited Ride 두 가지 종류가 있습니다.

프랑스 파리 지하철 이용하기

파리 지하철은 메트로(Metro)라고 합니다. 파리 지하철은 14개 노선에 368개의 역으로 이루어져 있습니다. 여행객은 지하철 10매 묶음인 까르네(Carnet)를 비롯한 다양한 종류의 정액권을 이용하면 보다 저렴하게 여행을 즐길 수 있습니다. 티켓은 1장에 1.60 유로, 1 까르네는 11.60 유로입니다.

• **모빌리스(Mobilis)**
1일 동안 지하철, 버스, RER(Réseau Express Régional 지역 급행 네트워크)을 무제한으로 이용할 수 있는 티켓입니다.

• **까르뜨 오랑쥐(Carte Orange)**
유효기간 내에 지하철, 버스, RER을 무제한으로 이용할 수 있는 티켓으로 1주일권과 1달권이 있습니다.

Transportation
Tips

구입 단위	불어명	1-2 zone Paris 시내 지역	1-3 zone 파리 주변	1-4 zone Versailles 궁전	1-5 zone 라발레 아울렛
1장	Billet (비에)	1.60		2.95	5.85
10장	Carnet (꺄르네)	11.60		23.6	46.80
1일 권	Moblis	5.90	7.90	9.80	13.20
1/2/3일 권	Paris Visit		8.80 (1일 권) 14.40 (2일 권) 19.60 (3일권)		18.50 28.30 39.70
1주일 권	Carte Orange Hebdo (까뜨오랑쥬 엡도)	17.20	22.70	29.90	33.40
월 정기권	Carte Orange Mensuel (맹쎌)	56.60	74.40	91.70	109.90
26세 미만 주말 우대 1일 권	Ticket Jeunes Weekend (티켓죤 위크엔드)		3.30		6.60 8.20 (6존)
샤를르 드골 공항	Aeroports Charles de Gaulle				8.50 5.95 (10세 미만)

영국 런던 지하철 이용하기

런던의 지하철은 Tube(튜브) 또는 Underground (언더그라운드)라고 합니다. 런던 지하철 요금은 존으로 구분되어 있습니다. 런던 중심지가 1존이고 외곽으로 나갈수록 2존, 3존 이렇게 올라갑니다. 히드로 공항은 6존에 있고, 대부분의 관광지는 1~2존 안에 있습니다.

| | Oyster single fare | | Cash |
	Peak	Off-Peak	single fare
Fares including travel in Zone 1			
Zone 1 only	£1.60	£1.60	£4.00
Zones 1-2	£2.20	£1.60	£4.00
Zones 1-3	£2.70	£2.20	£4.00
Zones 1-4	£2.80	£2.20	£4.00
Zones 1-5	£3.70	£2.20	£4.00
Zones 1-6	£3.80	£2.20	£4.00
Fares not including travel in Zone 1			
One or Two Zones: Zones 2, 3, 4, 5, 6 or 2-3, 3-4, 4-5 or 5-6	£1.10	£1.10	£3.20
Tree, Four or Five Zones: Zones 2-4, 3-5, 4-6, 2-5, 3-6 or 2-6	£2.00	£1.10	£3.2

알아 두면 좋아요!
교통편 이용하기

런던 지하철 1일권 요금 – 하루 동안 무제한으로 사용할 수 있는 티켓입니다.

Adult Travelcard

Adults		
	Day Travelcard	
	Anytime	Off-Peak
Zones 1-2	£7.20	£5.60
Zones 1-3	£8.60	£6.30
Zones 1-4	£10.00	£6.30
Zones 1-5	£12.60	£7.50
Zones 1-6	£14.80	£7.50
Zones 1-9	£16.20	£9.00
Zones 1-8 + Watford Junction	£18.00	£14.20
Zones 2-6	£9.00	£5.10
Zones 2-9	£10.60	£5.60

런던 지하철 7일권 / 1개월권 / 1년권 – 7일 / 1개월 / 1년 동안 무제한으로 이용할 수 있는 티켓입니다.

Adult Travelcard

Tube, DLR and London Overground			
Adult	**7 Day**	**Monthly**	**Annual**
Rates including travel in Zone 1			
Zones 1-2	£25.80	£99.10	£1,032
Zones 1-3	£30.20	£116	£1,208
Zones 1-4	£36.80	£141.40	£1,472
Zones 1-5	£44.00	£169	£1,760
Zones 1-6	£47.60	£182.80	£1,904
Zones 1-7	£50.80	£195.10	£2,032
Zones 1-8	£59.40	£228.10	£2,376
Zones 1-9	£67.70	£260	£2,708
Zones 1-9 + Watford Junction	£67.80	£260.40	£2,712

관광하기
Touring

Words 단어만으로도 말이 되네!
Patterns 한 가지 패턴으로 여러가지 말을!
Dialogues 상황별 필수 대화!
Expressions 필수 표현!
Useful Words 유용한 단어!
Tips 알아 두면 좋아요!

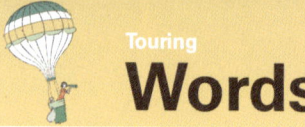
 5-1

1. **티켓 두 장을 살 때**

   ## Two adults, please.
   투 어덜츠, 플리즈. | 성인 두 명이요.

   ☞ I'd like tickets for two adults, please.
   아이드 라익 티킷츠 포 투 어덜츠, 플리즈. | 성인으로 표 두 장 주세요.

---

2. **관광안내소를 물어볼 때**

   ## Tourist information center?
   투어리스트 인포메이션 센터? | 관광 안내소는 어디 있나요?

   ☞ Where is the nearest tourist information center?
   웨얼 이즈 더 니어리스트 투어리스트 인포메이션 쎈터?

   | 가장 가까운 관광 안내소는 어디 있나요?

---

3. **입장료를 물어볼 때**

   ## How much?
   하우 머치? | 얼마인가요?

   ☞ How much is the admission fee?
   하우 머치 이즈 디 어드미션 피? | 입장료는 얼마인가요?

   ☞ What's the admission fee?
   왓츠 디 어드미션 피? | 입장료는 얼마인가요?

---

4. **할인이 되는지 물어볼 때**

   ## Are there discounts?
   아 데얼 디스카운츠? | 할인되는 거 있나요?

   ☞ Can I get a student discount?
   캐나이 겟어 스튜던트 디스카운트? | 학생 할인되나요?

단어만으로도 말이 되네!
통하는 단어

---

5. **관광지를 추천해 달라고 할 때**

   ## Any tourist attractions?
   애니 투어리스트 어츄랙션즈? | 가 볼 만한 곳 있나요?

   ☞ Could you tell me some of the places I can visit?
   크쥬 텔미 썸 오브 더 플레이지즈 아이 캔 비짓?
   | 가 볼 만한 곳을 알려 주시겠어요?

---

6. **시간이 얼마나 걸리냐고 물어볼 때**

   ## How long?
   하우 롱? | 얼마나 걸리나요?

   ☞ How long does it take?
   하우 롱 더짓 테익? | 얼마나 오래 걸리나요?

---

7. **어떤 영화가 상영되고 있냐고 물어볼 때**

   ## What's showing?
   왓츠 쇼잉? | 어떤 영화가 상영되고 있나요?

   ☞ What film is on now?
   왓 피엄 이즈 온 나우? | 어떤 영화가 상영되고 있나요?

---

8. **어떤 공연을 상영 중이냐고 물어볼 때**

   ## What's on (playing)?
   왓츠 온 플레잉? | 어떤 공연을 상영 중인가요?

   ☞ What's playing tonight?
   왓츠 플레잉 투나잇? | 오늘 밤 어떤 공연을 상영 중인가요?

단어만으로도 말이 되네!
통하는 단어

9. 공연 '렌트'가 상영 중이냐고 물어볼 때

Is "Rent" playing?
이즈 렌트 플레잉? | 렌트 상영 중인가요?

☞ Is Rent playing tonight?
이즈 렌트 플레잉 투나잇? | 오늘 밤 렌트가 상영 중인가요?

---

10. (버스, 지하철, 공연 등의) 시간표를 보여 달라고 할 때

Timetable, please.
타임 테이블, 플리즈 | 시간표요.

☞ Could I see a timetable, plesae?
쿳아이 씨 어 타임테이블, 플리즈. | 시간표를 볼 수 있을까요?

---

11. 사진 촬영해도 되냐고 물어볼 때

Are pictures allowed?
알 픽쳐스 얼라우드? | 사진 촬영 가능한가요?

☞ May I take pictures here?
메이 아이 태익 픽쳐스 히얼? | 여기서 사진을 찍어도 되나요?

Touring
Patterns

 5-2

Can I _____? 캐나이 ~? | ~해도 되나요? / ~할 수 있나요?

Can I take pictures?
캐나이 테익 픽쳐스? | 사진 찍어도 되나요?

Can I videotape here?
캐나이 비디오테입 히얼? | 여기서 비디오 촬영해도 되나요?

Can I ask you a question?
캐나이 애스큐 어 퀘스쳔? | 질문해도 되나요?

Can I pay with my credit card?
캐나이 페이 위드 마이 크레딧 카드? | 신용카드로 지불해도 되나요?

Can I get a ticket for tonight's show?
캐나이 겟어 티킷 포 투나잇츠 쇼우? | 오늘 저녁 공연 표를 구할 수 있나요?

Can I get a student discount?
캐나이 겟어 스튜던트 디스카운트? | 학생 할인을 받을 수 있나요?

Do you have _____? 두유 해브 ~? | ~ 있나요?

Do you have brochures for the museums?
두유 해브 브로우셔즈 포 더 뮤지엄즈? | 박물관 안내 책자 있나요?

Do you have any recommendations?
두유 해브 애니 레커멘데이션즈? | 추천할 만한 것이 있나요?

Do you have city tours?
두유 해브 씨티 투어즈? | 시내 관광이 있나요?

Do you have matinees?
두유 해브 매트네이즈? | 낮 공연이 있나요?

Do you have two seats in the front?
투 씨잇츠 인 더 프론트? | 앞쪽에 좌석 두 개가 있나요?

Touring
Patterns

5-2

Is there _____ ? 이즈 데얼 ~? | ~ 있나요?

Is there **a discount for tourists**?
이즈 데얼 어 디스카운트 포 투어리스츠? | 관광객 할인이 있나요?

Is there **a free brochure**?
이즈 데얼 어 프리 브로우셔? | 공짜 안내 책자가 있나요?

Is there **a map of the city**?
이즈 데얼 어 맵 오브 더 씨티? | 도시 지도가 있나요?

Is there **a restroom near here**?
이즈 데얼 어 레스트룸 니어 히얼? | 가까운 곳에 화장실이 있나요?

Is there **a brochure in Korean**?
이즈 데얼 어 브로우셔 인 코리언? | 한국어로 된 안내 책자가 있나요?

Is there **a Korean guide**?
이즈 데얼 어 코리언 가이드? | 한국인 가이드가 있나요?

Where is _____ ? 웨얼 이즈 ~? | ~는 어디 있나요?

Where is **the ticket office**?
웨얼 이즈 더 티킷 오피스? | 매표소는 어디 있나요?

Where is **the restroom**?
웨얼 이즈 더 뤠스트룸? | 화장실은 어디 있나요?

Where is **the gift shop**?
웨얼 이즈 더 기프트 샵? | 기념품점은 어디 있나요?

통하는 패턴

한 가지 패턴으로 여러가지 말을!

What time _____? 왓 타임 ~? | 몇 시에 ~?

What time does the play start?
왓 타임 더즈 더 플레이 스타트? | 몇 시에 공연이 시작하나요?

What time do we leave?
왓 타임 두 위 리브? | 몇 시에 출발하나요?

What time do you close?
왓 타임 두 유 클로즈? | 몇 시에 문을 닫나요?

I'd like _____. 아이드 라이크 ~ | ~하고 싶습니다.

I'd like a seat in the front.
아이드 라이크 어 씨잇 인 더 프론트. | 앞쪽 좌석으로 하고 싶습니다.

I'd like to see a play.
아이드 라이크 투 씨 어 플레이. | 공연을 보고 싶습니다.

I'd like to make a reservation for this tour.
아이드 라이크 투 메이커 레저베이션 포 디스 투어. | 이 관광에 예약하고 싶습니다.

I'd like to rent a boat.
아이드 라이크 투 렌트 어 보트. | 보트를 렌트하고 싶습니다.

I'd like to play golf.
아이드 라이크 투 플레이 골프. | 골프를 치고 싶습니다.

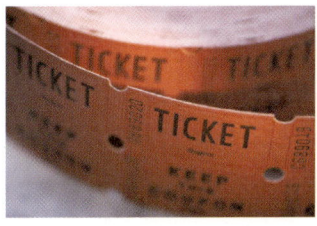
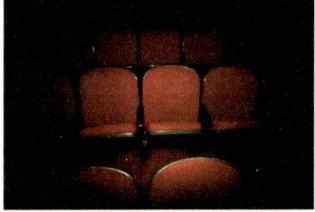

Touring
Dialogues

 5-3

나 관광 지도를 얻을 수 있을까요?

Can I get a tourist map?

캐나이 겟어 투어리스트 맵?

안내원 네, 앞에 있습니다. 가져가시면 됩니다.

Yes, it's in front of you. You can take it.

예스, 잇츠 인 프론트 오브 유. 유 캔 테이킷.

나 감사합니다. 관광지 좀 추천해 주시겠어요?

Thanks. Do you recommend any places to visit?

땡스. 두 유 레커멘드 애니 플레이시즈 투 비짓?

나 어떤 종류의 시내 관광이 있나요?

What kind of city tours do you have?

왓 카인드 오브 씨티 투어즈 두 유 해브?

안내원 반나절 관광과 전일 관광이 있습니다.

There are half-day tours and full-day tours.

데얼 아 해프데이 투어즈 앤 풀데이 투어즈.

나 반나절 관광은 몇 시에 시작하나요?

What time does the half-day tour begin?

왓 타임 더즈 더 해프데이 투어 비긴?

안내원 정오에 시작해요.

It starts at noon.

잇 스타츠 앳 누운.

상황별 필수 대화! 통하는 대화

나 표 두 장 주세요.
Two tickets, please.
투 티킷츠, 플리즈.

직원 40달러입니다.
That will be $40.
댓 윌 비 포티 달러즈.

나 학생 할인이 있나요? 전 학생인데요.
Do you have a student discount? I'm a student.
두 유 해브 어 스튜던트 디스카운트? 아임 어 스튜던트.

직원 네. 그럼 35달러에요.
Yes. Then, that will be $35.
예스. 덴 댓 윌 비 써티 파이브 달러즈.

나 실례합니다. 사진 좀 찍어 주실 수 있나요?
Excuse me. Could you take our photos?
익스큐즈 미. 크쥬 테익 아워 포토즈?

행인 네. 뭘 누르면 되죠?
Of course. What should I press?
오브 코스. 왓 슈라이 프레스?

나 이걸 누르시면 됩니다.
Just press this.
저스트 프레스 디스.

Touring
Dialogues

 5-3

행인	하나 둘 셋. 치즈하세요!	

One, two, three. Say cheese!
원, 투, 쓰리. 쎄이 치즈!

나　　한 장만 더 찍어 주실래요?

Could you take one more, please?
크쥬 테익 원 모어, 플리즈?

나　　입장료는 얼마인가요?

How much is the admission fee?
하우 머치 이즈 디 어드미션 피?

직원　　성인은 10달러입니다.

It's ten dollars for an adult.
잇츠 텐 달러즈 포런 어덜트.

나　　할인해 줄 수 있나요?

Do you have discounts?
두 유 해브 디스카운츠?

직원　　학생 할인만 있습니다.

We only have student discounts.
위 온리 해브 스튜던트 디스카운츠.

나　　성인 두 장 주세요.

Two adults, please.
투 어덜츠, 플리즈.

상황별 필수 대화!
통하는 대화

나   금요일 캣츠 공연 성인 두 장 주세요.

I want two tickets for Friday's performance of Cats, please.
아이 원트 투 티킷츠 포 프라이데이즈 펄포먼쓰 오브 캣츠, 플리즈.

직원   죄송합니다. 금요일은 매진됐습니다.

I'm sorry. Friday's tickets are all sold out.
아임 쏘리. 프라이데이즈 티킷츠 아 올 솔드 아웃.

나   그럼 토요일 공연 표는 있나요?

Do you have tickets for Saturday?
두유 해브 티킷츠 포 쌔러데이?

직원   네, 있습니다.

Yes, we have tickets for Saturday.
예스, 위 해브 티킷츠 포 쌔러데이.

나   앞 좌석은 있나요?

Are there any front row seats left?
아 데얼 애니 프론트 로우 씨잇츠 레프트?

직원   죄송합니다. 앞 좌석은 매진됐습니다. 중간이랑 뒷줄은 있어요.

I'm sorry. Front row seats are sold out. We only have tickets for the middle section and the back.
아임 쏘리. 프론트 로우 씨잇츠 아 솔드 아웃. 위 온리 해브 티킷츠 포 더 미들 쎅션 앤 더 백.

나   중간 자리로 두 장 주세요.

I'll take two for the middle section.
아일 테익 투 포 더 미들 쎅션.

 5-4

이런 말을 듣게 돼요!

매진됐습니다.
It's sold out.
잇츠 솔드 아웃.

죄송합니다. 오늘 저녁은 매진됐습니다.
I'm sorry. We're sold out tonight.
아임 쏘리. 위아 솔드 아웃 투나잇.

죄송합니다. 앞 좌석 밖에 없습니다.
Sorry. We only have seats in the front.
쏘리. 위 온리 해브 씨잇츠 인 더 프론트.

성인은 5달러입니다.
It's five dollars for adults.
잇츠 파이브 달러즈 포 어덜츠.

오른쪽에 박물관이 보일 것입니다.
You will see the museum to your right.
유 윌 씨 더 뮤지엄 투 유어 라잇.

사진 찍어 드릴까요?
Do you want me to take your picture?
두유 원트 미 투 테익 유어 픽쳐?

필수 표현

여기선 사진 촬영을 할 수 없습니다.
You are not allowed to take pictures here.
유아 낫 얼라우드 투 테익 픽쳐스 히얼.

6시까지 문을 엽니다.
We are open until 6 o'clock.
위아 오픈 언틸 씩스 어클락.

플래쉬를 사용하지 않으면 사진 촬영을 하셔도 됩니다.
It's okay if you don't use the flash.
잇츠 오케이 이퓨 돈 유즈 더 플래쉬.

Touring
Expressions

 5-5

이렇게 말해 보세요!

버스 노선도가 있나요?
Do you have a bus map?
두유 해버 버스 맵?

거기는 어떻게 가나요?
How do I get there?
하우 두 아이 겟 데얼?

근처에 박물관이 있나요?
Is there a museum nearby?
이즈 데얼 어 뮤지엄 니어바이?

가이드가 있는 관광인가요?
Is this a guided tour?
이즈 디스 어 가이디드 투어?

저를 호텔에서 픽업해 주실 수 있나요?
Could you pick me up at the hotel?
크쥬 픽미업 앳 더 호텔?

우리 여기에 얼마나 머물 건가요?
How long will we be here?
하우롱 윌위 비 히얼?

필수 표현

입장료가 얼마인가요?

How much is the admission fee?

하우 머치 이즈 디 어드미션 피?

지금 줄 서신 건가요?

Are you in line?

알 유 인 라인?

입구가 어디죠?

Where is the entrance?

웨얼 이즈 디 엔츄런스?

플래쉬 사용해도 되나요?

Can I use a flash?

캐나이 유즈 어 플래쉬?

사진 찍어도 되나요?

Can I take photos?
Am I allowed to take pictures?

캐나이 테익 포토즈? / 엠 아이 얼라우드 투 테익 픽쳐스?

여기서 사진 찍어도 되나요?

Can I take pictures here?

캐나이 테익 픽쳐즈 히얼?

이 버튼을 누르시면 됩니다.

Just press this button.

저스트 프레스 디스 버튼.

In the Hotel
Expressions 5-5

캠코더 사용해도 되나요?
Can I use a camcorder?
캔 아이 유즈 어 캠코더?

이 사진 보내 줄게요.
I'll send you this picture.
아일 센드 유 디스 픽쳐.

이 사진 보내 줄래요?
Can you send me this picture?
캔 유 센드 미 디스 픽쳐?

안내 책자 있나요?
Do you have brochures?
두 유 해브 브로우셔즈?

안내 책자는 얼마인가요?
How much is the brochure?
하우 머치 이즈 더 브로우셔?

선물 가게는 어디 있나요?
Where is the gift shop?
웨얼 이즈 더 기프트 샵?

언제 문 닫나요?
What is the closing time?
왓 이즈 더 클로징 타임?

필수 표현

공연 시간은 얼마나 걸리나요?
How long does the play run?
하우 롱 더즈 더 플레이 런?

다음 공연은 언제인가요?
When is the next play?
웬 이즈 더 넥스트 플레이?

가장 저렴한 표는 얼마인가요?
How much is the cheapest ticket?
하우 머치 이즈 더 취피스트 티킷?

가장 좋은 표는 얼마인가요?
How much is the best ticket?
하우 머치 이즈 더 베스트 티킷?

자리로 안내해 주세요.
Show me to my seat, please.
쇼우 미 투 마이 씨잇, 플리즈.

관광 일정이 있나요?
Do you have a tour?
두 유 해버 투어?

표는 어디서 구할 수 있나요?
Where can I get a ticket?
웨얼 캐나이 겟어 티킷?

Touring
Useful Words
유용한 단어! 관광하기 5-6

ticket 티킷 | 표
running time 러닝 타임 | 상영 시간
row 로우 | 열
front row, back row 프론트 로우, 백 로우 | 앞줄, 뒷줄
sold out 솔드 아웃 | 매진
standing room 스탠딩 룸 | 입석
admission fee 어드미션 피 | 입장료
pamphlet, brochure 팸플릿, 브로우셔 | 팜플렛, 안내 책자
student discount 스튜던트 디스카운트 | 학생 할인
group discount 그룹 디스카운트 | 단체 할인
adult 어덜트 | 성인
children 칠드런 | 아동
entrance, exit 엔트런스, 엑싯 | 입구, 출구
emergency exit 이머젼시 엑싯 | 비상구
souvenir shop 수브니어 샵 | 기념품점
closed 클로즈드 | 휴무
open 오픈 | 영업 중
opening time 오프닝 타임 | 개장 시간
business time 비즈니스 타임 | 영업 시간
closing hour 클로징 아워 | 폐장 시간
No Cameras(Pictures) 노우 캐머뤄즈(픽쳐스) | 사진 금지
No Flash 노우 플래쉬 | 플래시 사용 금지
Staff Only 스태프 온리 | 관계자 외 출입 금지
No Smoking 노우 스모킹 | 금연
Do Not Touch 두낫 터치 | 만지지 마시오.
Way Out 웨이 아웃 | 나가는 길
No Entry 노우 엔츄리 | 들어가지 마시오.
Do Not Climb 두낫 클라임 | 올라가지 마시오.
No Tripods Allowed 노 트라이포즈 얼라우드 | 삼각대 사용 금지

Touring
Tips

제한된 시간을 알차게 보내는 게 보람 있는 여행일 텐데요. 날씨에 따라 선택하는 것도 좋답니다. 비가 오는 날은 실내 활동을 할 수 있는 박물관이나 극장을 찾고, 날씨가 좋은 날은 유람선 등을 타는 것이 좋겠지요.

박물관이나 전시관에는 학생 할인이 있는 경우가 대부분입니다. 학생이라면 신분증이나 학생증을 준비해서 할인을 받으세요.

독일에는 박물관이 정말 많아서 박물관을 돌아보는 것이 정말 재미있답니다. 독일 여행 중의 일인데요, 박물관을 가기 전에 저는 **Tourism Center**(투어리즘 센터)에 먼저 가서 할인제도 등을 알아봤습니다. 해당 도시의 모든 국립 박물관을 일정 금액만 지불하면 갈 수 있는 카드가 있더군요. 저는 그 카드를 구입해서 정말 저렴한 가격에 여러 박물관을 관람할 수 있었답니다. 그런데 현지에서 만난 한국인들과 여행객들 대부분이 그 카드의 존재를 모르고 박물관마다 입장료를 지불하고 있었습니다. 일단 도시에 도착하면 먼저 관광 안내소에 가서 필요한 정보를 얻는 것이 좋겠지요.

Touring
Tips

미국의 국경일
신년일(New Year's Day) – 1월 1일
마틴 루터 킹의 날(Martin Luther King Day) – 1월의 세 번째 월요일
대통령의 날(President's Day) – 2월의 세 번째 월요일
현충일(Memorial Day) – 5월의 마지막 주 월요일
독립기념일(Independence Day) – 7월 4일
노동절(Labor Day) – 9월의 첫 번째 월요일
콜럼버스 데이(Columbus Day) – 10월의 두 번째 월요일
재향 군인의 날(Veterans Day) – 11월 11일
추수감사절(Thanksgiving Day) – 11월의 네 번째 목요일
크리스마스(Christmas Day) – 12월 25일

유럽 각국의 축제
영국
5월 – 메이데이, Oxford
8월 – 영국 맥주 축제, London
8월 – 노팅힐 카니발, London

아일랜드
4월 중순 – 셀틱 축제, Galway

스페인
2월 / 3월 – 카니발, Cardiz, Santa Cruze de Tenerife
4월 22 ~ 24일 – 무어와 크리스찬의 싸움, Alcoi
5월(부활절 50일 후) – 로메리아델리시오, Almonte
6월 6 ~ 14일 – 성 페르민 축제, pamplona
8월 마지막 주 – 토마토 던지기, Bunol
9월 24일 – 메르세 축제, Barcelona

알아 두면 좋아요!
관광하기

프랑스

2월 – 니스 카니발, Nice
5월 23 ~ 25일 – 집시들의 순례여행, Saintes-Maries-de-la-Mer
7월 – 엑성 프로방스 축제, Aix-en-Provence
7월 중순 ~ 말경 – 국제 재즈 페스티발, Antibes
7월10일경 ~ 8월초 – 아비뇽 페스티발, Avignon
8월 첫 째주 ~ 둘 째주 – 켈트족 페스티발, Lorient
9월 중순 ~ 말경 – 세계 인형극 페스티발, Charleville-Mezieres
11월 셋 째주 – 보졸레 축제, Beaujolais

독일

2월 – 쾰른 카니발, Cologne(Köln)
9월 – 소세지 마켓, Bad Durkheim
9월 / 10월 – 옥토버페스트(Oktoberfest), Munich
9월 / 10월 – 베를린 축제, Berlin
10월 말 – 프랑켄슈타인 축제, Darmstadt

이탈리아

1월 말 / 2월 – 카니발, Venice
3월 / 4월 – 부활절 축제, Florence, Rome, Prizzi
5월 15일 – 촛불 경주(Corsa Dei Ceri), Gubbio
6월 / 7월 – 두 세계 축제, Spoleto
7월 2일 / 8월 16일 – 팔리오 축제(Palio Delle Contrade), Siena

Shopping

Words

 6-1

1. 매장에서 스커트를 찾을 때

Where are the skirts?
웨얼 아 더 스커츠? | 스커트는 어디 있나요?

☞ Where can I find the skirts?
웨얼 캐나이 파인드 더 스커츠? | 스커트는 어디서 찾을 수 있나요?

---

2. 매장 점원이 사이즈를 물어볼 때

Size 8.
사이즈 에이트. | 사이즈 8이요.

☞ I wear size 8.
아이 웨어 사이즈 에이트. | 사이즈 8 입어요.

---

3. 전시되어 있는 게 전부냐고 물을 때

Is this all?
이즈 디스 올? | 여기 있는 게 전부인가요?

☞ Are these the only colors(sizes) you have?
아 디즈 디 온리 컬러스(사이지스) 유 해브? | 색상은(사이즈는) 이것 밖에 없나요?

---

4. 구경하는 중이라고 말할 때

Just looking.
저스트 루킹. | 그냥 보고 있습니다.

☞ No, I'm just looking around.
노우, 아임 저스트 루킹 어라운드. | 아니요, 그냥 구경하고 있습니다.

단어만으로도 말이 되네!
통하는 단어

5. **가격을 물어볼 때**

   ## How much?
   하우 머치? | 얼마인가요?

   ☞ How much are these?
   하우 머치 아 디즈? | 이건 얼마인가요?

6. **사이즈가 너무 꽉 낀다고 말할 때**

   ## Too tight.
   투 타잇. | 너무 꽉 끼어요.

   ☞ It's too tight around the waist.
   잇츠 투 타잇 어라운드 더 웨이스트. | 허리가 꽉 끼어요.

7. **사이즈가 너무 크다고 할 때**

   ## Too loose.
   투 루스. | 너무 커요.

   ☞ It's too loose around the chest.
   잇츠 투 루스 어라운드 더 체스트. | 가슴 부분이 너무 커요.

8. **입어 봐도 되냐고 물어볼 때**

   ## Can I try this on?
   캐나이 츄라이 디스 온? | 이거 입어 봐도 되나요?

   ☞ I'd like to try this shirt on.
   아이드 라익 투 츄라이 디스 셔트 온. | 이 셔츠 입어 보고 싶어요.

Shopping
Words

 6-1

9. 산다고 말할 때
I'll take it.
아일 테이킷. | 이걸로 살게요.

☞ **I'll take these three.**
아일 테익 디즈 쓰리. | 이거 세 개 살게요.

---

10. 세일하냐고 물어볼 때
15% off?
피프틴 퍼센트 오프? | 15% 할인되나요?

☞ **Is this on sale?**
이즈 디스 온 세일? | 이거 세일하나요?

---

11. 건네 주면서 말할 때
Here.
히얼. | 여기요.

☞ **Here you go.**
히얼 유 고우. | 여기 있습니다.

---

12. 가죽이냐고 물어볼 때
Leather?
레더? | 가죽인가요?

☞ **Is this made of leather?**
이즈 디스 메이드 오브 레더? | 이거 가죽으로 만든 건가요?

단어만으로도 말이 되네!
통하는 단어

13. 좀 더 싼 것이 있는지 물을 때?

Anything cheaper?
에니띵 취이퍼? | 더 싼 것은요?

☞ Do you have a cheaper one?
두 유 해브 어 취이퍼 원? | 좀 더 싼 것이 있나요?

● 더 좋은/큰/작은 것 a better/bigger/smaller one

---

14. 다른 물건을 보여 달라고 말할 때

Another one, please.
언아더 원, 플리즈. | 다른 물건이요.

☞ Show me another one, please.
쇼우 미 어나덜 원, 플리즈. | 다른 물건을 보여 주세요.

---

15. 영수증을 달라고 말할 때

Receipt, please.
뤼씨트, 플리즈. | 영수증이요.

☞ I'd like a receipt, please.
아이드 라이크 어 뤼씨트, 플리즈. | 영수증을 주세요.

---

16. 거스름돈이 틀리다고 말할 때

The wrong change.
더 륑 췌인쥐. | 거스름돈이 틀려요.

☞ I think you've given me the wrong change.
아이 띵크 유브 기븐 미 더 륑 췌인쥐. | 거스름돈이 틀린 것 같아요.

Shopping

Patterns

 6-2

I'm looking for _____.
아임 루킹 포 ~ | ~를 찾고 있어요.

I'm looking for **a shirt**.
아임 루킹 포 어 셔트. | 셔츠를 찾고 있어요.

I'm looking for **a sweater**.
아임 루킹 포 어 스웨터. | 스웨터를 찾고 있어요.

I'm looking for **black jeans**.
아임 루킹 포 블랙 쥔즈. | 검정 진을 찾고 있어요.

Do you have _____? 두유 해브 ~? | ~ 있나요?

Do you have **sandals**?
두유 해브 샌덜즈? | 샌들 있나요?

Do you have **clutch bags**?
두유 해브 클러취 백즈? | 클러치 백 있나요?

Do you have **high heels**?
두유 해브 하이 힐즈? | 하이힐 있나요?

Do you carry _____? 두유 캐리 ~? | ~ 있나요?

Do you carry **toothpaste**?
두유 캐리 투쓰페이스트? | 치약 있나요?

Do you carry **aspirin**?
두유 캐리 애스프린? | 아스피린 있나요?

Do you carry **jeans**?
두유 캐리 쥔즈? | 청바지 있나요?

통하는 패턴

한 가지 패턴으로 여러가지 말을!

I need _____. 아이 니드~ | ~가 필요합니다.

I need a pair of jeans.
아이 니드 어 페어 오브 진즈. | 청바지가 필요합니다.

I need eye shadow.
아이 니드 아이 섀도우. | 아이섀도가 필요합니다.

I need lip gloss.
아이 니드 립 글로스. | 립글로스가 필요합니다.

I prefer _____. 아이 프리퍼~ | ~를 더 선호해요.

I prefer pink.
아이 프리퍼 핑크. | 핑크를 더 선호해요.

I prefer leather.
아이 프리퍼 레더. | 가죽을 더 선호해요.

I prefer short pants.
아이 프리퍼 숏트 팬츠. | 반바지를 더 선호해요.

Shopping
Dialogues

 6-3

나 치약 있나요?

Do you have toothpaste?
두유 해브 투쓰페이스트?

점원 네. 7번 통로에 있어요.

Yes. Go to aisle 7.
예스. 고우 투 아일 세븐.

나 쇼핑 카트는 어디 있죠?

Where are the carts?
웨얼 아 더 카츠?

점원 저쪽에 있어요.

They're over there.
데어 오버 데얼.

나 기념품을 사고 싶은데요.

I want to buy souvenirs.
아이 원투 바이 수브니어즈.

점원 손님께서 쓰실 건가요?

Are they for you?
아 데이 포 유?

나 아뇨, 친구들 주려고요. 뭘 추천하시나요?

No, they're for my friends. What do you recommend?
노우, 데어 포 마이 프렌즈. 왓 두유 레커멘드?

점원 이 열쇠고리 어떠세요?

How about these key rings?
하우 어바웃 디즈 키 링즈?

상황별 필수 대화!
통하는 대화

나   네, 주세요. 관광에 대한 책은 어디에 있나요?

OK, I'll take them. Where are the books on sightseeing?
오케이, 아일 테익 뎀. 웨얼 아 더 북스 온 사이트씨잉?

나   얼마에요?

How much is it?
하우 머치 이즈 잇?

점원   25달러 75센트입니다. 현금으로 하시겠어요, 카드로 하시겠어요?

It's $25.75. Will that be cash or charge?
잇츠 투웬티 파이브 달러즈 앤 세븐티 파이브 센츠. 윌 댓 비 캐쉬 오어 촤지?

나   현금으로 할게요. 여기 있어요.

Cash. Here you go.
캐쉬. 히얼 유 고우.

나   부가가치세 환급을 받을 수 있나요?

Can I get a VAT refund?
캐나이 겟어 뷔에이티 뤼펀드?

점원   그럼요. 부가가치세 환급 전표를 드릴게요.

Sure. I'll give you the refund check.
슈어. 아일 기뷰 더 뤼펀드 췌크.

나   이것 좀 포장해 주시겠어요? 따로따로 포장해 주세요.

Shopping
Dialogues

 6-3

Can you wrap these up? Wrap them separately, please.
캔 유 뤱 디즈 업? 뤱 뎀 세퍼레이틀리, 플리즈.

나   이것을 교환할 수 있나요?
Can I exchange this for another one?
캔 아이 익스췌인지 디스 포 어나더 원?

점원   영수증은 있으신가요?
Do you have the receipt?
두 유 해브 더 뤼씻트?

나   네, 여기요.
Yes. Here.
예스. 히얼.

점원   무엇이 마음에 안 드셨는지 여쭤 봐도 될까요?
May I ask what the problem is?
메이 아이 애스크 왓 더 프라블럼 이즈?

나   저한테 너무 크네요. 작은 사이즈 있나요?
It's too big for me. Do you have this in a smaller size?
잇츠 투 빅 포 미. 두 유 해브 디스 인 어 스몰러 사이즈?

점원   죄송합니다만, 품절입니다.
I'm very sorry. But it's sold out.
아임 베리 쏘리. 벗 잇츠 솔드 아웃.

나   그럼 환불해 주시겠어요?
Then, can I get a refund?
덴, 캔 아이 겟 어 뤼펀드?

상황별 필수 대화! 통하는 대화

나 여성용 의류는 몇 층인가요?
On which floor are the women's clothes?
온 위치 플로어 아 더 우먼즈 클로우즈?

점원 3층입니다.
The third floor.
더 써드 플로어.

점원 특별히 찾으시는 게 있나요?
Are you looking for something in particular?
알 유 루킹 포 썸띵 인 파티큘러?

나 네, 스키니 진을 찾고 있어요.
Yes, I'm looking for skinny jeans.
예스, 아임 루킹 포 스키니 진즈.

점원 사이즈 26 괜찮으세요?
Would size 26 be okay?
웃 사이즈 투웬티 씩스 비 오케이?

나 잘 모르겠어요. 한번 입어 볼게요.
I don't know. I'll try it on.
아이 돈 노우. 아일 츄라이 잇 온.

점원 맞나요?
How does it fit?
하우 더 짓 핏?

나 이건 너무 커요. 더 작은 사이즈 있나요?

Shopping
Dialogues

 6-3

This is too big for me. Do you have a smaller one?
디스 이즈 투 빅 포 미. 두 유 해버 스몰러 원?

점원 여기 사이즈 25와 24가 있어요.

Here's size 25 and 24.
히얼즈 사이즈 투웬티 파이브 앤 투웬티 포.

나 검정색 샌들을 찾고 있어요.

I am looking for black sandals.
아이엠 루킹 포 블랙 샌덜즈.

점원 (두 개를 보여 주면서) 이것은 세일하고 있고, 이것은 신상품이에요.

This one is on sale and this one is new.
디스 원 이즈 온 세일 앤 디스 원 이즈 뉴.

나 두 개 다 신어 볼게요. 둘 다 사이즈 6으로 보여 주실래요?

I'll try both on. Can you show me both in size 6?
아일 츄라이 보쓰 온. 캔 유 쇼우 미 보쓰 인 사이즈 씩스?

점원 여기 있습니다. 신어 보세요.

Here they are. Try them on.
히얼 데이 아. 츄라이 뎀 온.

나 좀 끼는 것 같네요. 한 치수 더 큰 것 있나요?

I think they're a little too narrow for me. Do you have 6 1/2?
아이 띵크 데어 어 리틀 투 내로우 포 미. 두 유 해브 씩스 앤 어 해프?

나	트러블성 피부를 위한 로션 보여 주세요. **I'm looking for a moisturizer for troubled skin.** 아임 루킹 포 어 모이춰라이저 포 츄러블드 스킨.
점원	이 제품은 순하고 피부를 건조하게 하지 않아요. **This product is gentle and non-drying.** 디스 프로덕트 이즈 젠틀 앤 넌 쥬라잉.
나	그것으로 살게요. **I'll take it.** 아일 테이킷.
점원	샘플로 원하는 게 있으신가요? **Do you want something in particular for samples?** 두 유 원트 썸띵 인 파티큘러 포 샘플즈?
나	네, 폼 클렌저와 지성 피부용 스킨 주세요. **Yes, I need foam cleanser and toner for oily skin.** 예스, 아이 니드 포옴 클렌저 앤 토너 포 오일리 스킨.

Shopping
Expressions
6-4

이런 말을 듣게 돼요!

천천히 구경하세요.
Take your time.
테익 유어 타임.

도와 드릴까요?
May I help you?
메이 아이 헬퓨?

특별히 뭐 찾으시는 것이 있으세요?
Are you looking for anything in particular?
알 유 루킹 포 애니띵 인 파티큘러?

계산은 어떻게 하시겠습니까?
How would you like to pay for this?
하우 우쥬 라익 투 페이 포 디스?

샘플도 가져가세요.
Take a free sample.
테이커 프리 샘플.

서비스로 드리는 겁니다.
It's on the house.
잇츠 온더 하우스.

필수 표현

하나 사시면 하나 더 드립니다.
Buy one and get one free.
바이 원 앤 겟원 프리.

선물 포장해 드릴까요?
Would you like it gift wrapped?
우쥬 라이킷 기프트 뤱트?

여기 영수증입니다.
Here's your receipt.
히얼즈 유어 뤼씻트.

뭐가 마음에 안 드셨는지 여쭤 봐도 될까요?
May I ask what the problem is?
메이 아이 애스크 왓 더 프라블럼 이즈?

이건 어떠세요?
How about this one?
하우 어바웃 디스 원?

이쪽으로 오세요.
This way, please.
디스 웨이, 플리즈.

모든 제품이 30% 세일 중입니다.
Every item is 30% off.
에브리 아이템 이즈 썰티 퍼센트 오프.

필수 표현

손님이 생각하시는 가격대가 어떻게 되죠?
What is your price range?
왓 이즈 유얼 프라이스 뤠인쥐?

모든 가격은 정찰제입니다.
All our prices are fixed.
올 아워 프라이씨즈 알 픽스트.

여기는 할인을 하지 않습니다.
We don't give discounts here.
위 돈 기브 디스카운츠 히얼.

환불을 해드리지 않습니다.
This store doesn't give refunds.
디쓰 스토얼 더즌 기브 뤼펀즈.

Transportation
Expressions

6-5

이렇게 말해 보세요!

실례합니다. 여기 직원이세요?
Excuse me, do you work here?
익스큐즈 미, 두 유 웍 히얼?

그냥 좀 보고 있어요.
I'm just browsing.
아임 저스트 브라우징.

탈의실은 어디 있나요?
Where is the fitting room?
웨얼 이즈 더 피팅 룸?

무게 좀 달아 주시겠어요?
Can you weigh this?
캔 유 웨이 디스?

할부 되나요?
Can I pay in installments?
캐나이 페이 인 인스톨먼츠?

잔돈이 없어요.
I don't have any change.
아이 돈 해브 애니 췌인지.

Shopping
Expressions
🎧 6-5

이건 바가지요금이에요.
It's a rip-off.
잇츠 어 립오프.
* It's a rip-off.는 다소 무례하게 느껴질 수 있으므로 주의해서 사용하세요.

이것 좀 쇼핑백에 담아 주시겠어요?
Can you put this in a bag?
캔유 풋 디스 인 어 백?

선물 포장해 주시겠어요?
Can I get it gift wrapped?
캐나이 겟잇 기프트 뤱트?

이것을 새것으로 바꾸고 싶어요.
I want to exchange this for a new one.
아이 원투 익스체인지 디스 포러 뉴 원.

흠이 있는 줄 몰랐어요.
I did not notice any defects.
아이 디드 낫 노티스 애니 디펙츠.

저에게 좀 꽉 껴요.
It's a little tight for me.
잇츠 어 리틀 타잇 포 미.

어디에서 블라우스를 살 수 있나요?
Where can I buy a blouse?
웨얼 캐나이 바이 어 블라우스?

필수 표현

상품 가격보다 더 많이 매긴 것 같아요.
I think you're charging me too much.
아이 띵크 유얼 촤알징 미 투 머취.

가게 몇 시에 문 열어요(닫아요)?
What time does the store open(close)?
왓 타임 더즈 더 스토어 오픈(클로즈)?

가장 가까운 편의점은 어디에 있나요?
Where's the nearest convenience store?
웨얼즈 더 니어리스트 컨비니언스 스토어?

세일 기간은 언제까지인가요?
When does the sale end?
웬 더즈 더 세일 엔드?

Shopping
Useful Words

 6-6

가방

shoulder bag 숄더 백 | 숄더 백
tote bag 토트 백 | 토트 백
satchel bag 새첼 백 | 샤첼 백
hobo bag 호보 백 | 호보 백
clutch bag 클러치 백 | 클러치 백
genuine leather 제뉴인 레더 | 천연 가죽
briefcase 브리프 케이스 | 서류 가방

귀금속

necklace 네클러스 | 목걸이
ring 링 | 반지
earrings 이어링스 | 귀걸이
brooch 브루치 | 브로치
pure gold 퓨어 골드 | 순금
18 carat gold 에이틴 캐럿 골드 | 순도 18금
platinum 플래티넘 | 백금
gold plated 골드 플레이티드 | 금도금

재료

leather 레더 | 가죽
suede 스웨이드 | 스웨이드
canvas 캔버스 | 캔버스
linen 리넨 | 리넨
silk 실크 | 실크
cowhide 카우하이드 | 소가죽
alligator 앨리게이터 | 악어가죽

미용

dry skin 쥬라이 스킨 | 건성 피부
oily to combination skin 오일리 투 컴비네이션 스킨 | 중지성 피부
oily skin 오일리 스킨 | 지성 피부

유용한 단어!
쇼핑하기

sensitive skin 센서티브 스킨 | 민감성 피부
acne-prone skin 애크니 프론 스킨 | 여드름이 나는 피부
breakouts, blemish 브레익아웃츠, 블레미쉬 | 뽀루지
toner, astringent 토너, 어스트린젠트 | 스킨, 아스트린젠트(수렴제)
moisturizer 모이즈춰라이저 | 로션
essence 에센스 | 에센스
cream 크림 | 크림
tinted moisturizer 틴티드 모이스춰라이저 | 틴트 로션
cleanser 클렌저 | 클렌저
sunscreen, sun protection cream 썬스크린, 썬 프로텍션 크림 | 썬크림
self tanning cream 셀프 태닝 크림 | 셀프 태닝 크림
loose powder 루스 파우더 | 루스 파우더
pressed powder 프레스드 파우더 | 프레스 파우더
concealer 컨실러 | 컨실러

신발

mules 뮬즈 | 뮬
sneakers 스니커즈 | 스니커스
running shoes 러닝 슈즈 | 러닝화
high heels, high-heeled shoes 하이 힐즈, 하이힐드 슈즈 | 하이힐
sandals 샌덜즈 | 샌들
stiletto heels, stilettos 스틸레토 힐즈, 스틸레토즈 | 스틸레토 힐
sling-back 슬링백 | 슬링백
wedge hill 웨지힐 | 웨지힐
flip-flops 플립 플랍스 | 조리
flat shoes 플랫 슈즈 | 단화
platform shoes 플랫폼 슈즈 | 통굽
boots 부츠 | 부츠
pumps 펌프스 | 펌프스
open-toe 오픈 토 | 오픈 토
Mary Jane shoes 메리 제인 슈즈 | 메리제인 신발

유용한 단어!
쇼핑하기

신발 폭

wide 와이드 | 넓은
medium 미디엄 | 중간
narrow 내로우 | 좁은

의류

jacket 재킷 | 상의
pants 팬츠 | 바지
suit 수트 | 양복
shirt 셔트 | 셔츠
blouse 블라우스 | 블라우스
dress 쥬레스 | 드레스
cardigan 카디건 | 가디건
tie 타이 | 넥타이
wallet 왈릿 | 지갑
belt 벨트 | 벨트
underwear 언더웨어 | 속옷
pantyhose 팬티호즈 | 팬티 스타킹
round neck 라운드 넥 | 라운드 넥
V-neck 븨 넥 | 브이 넥
collar 커얼러 | 깃
men's clothes 멘즈 클로즈 | 신사복
women's clothes 우먼즈 클로즈 | 숙녀복
children's clothes 칠드런스 클로즈 | 아동복
sleeveless 슬리브레스 | 민소매
short-sleeved 숏 슬리브드 | 짧은 소매
long-sleeved 롱 슬리브드 | 긴 소매
high-waisted pants 하이 웨이스티드 팬츠 | 배꼽 위로 올라오는 바지
strapless dress 스츄랩리스 쥬레스 | 튜브탑 원피스
scoopneck 스쿱넥 | 스쿠프넥 (목이 많이 파인)
wrap dress 뤱 쥬레스 | 랩 드레스
tracksuits, sweat suits 트랙수츠, 스윗 수츠 | 운동복
flared trousers 플레어드 트라우저즈 | 나팔바지

Shopping
Tips

1파운드는 몇 그램?

미국에서는 과일, 야채의 경우 개수가 아닌 무게에 따라 가격을 책정하는데 그 개념을 정확히 이해해야 합니다. 예를 들면, 1파운드=1.99라고 적힌 망고를 보고 1개당 1.99 달러라고 생각하면 큰 오산이죠. 그리고 미국에서는 kg, g이 아닌 파운드라는 도량형을 사용합니다. 1파운드는 약 454g으로 대략 500g이라고 생각하시면 된답니다.

다양한 전문 상점

미국에서는 각 제품별로 전문점이 다양하게 있는데요. 물론 Walmart, Target 같은 많은 종류의 물건을 구비해 놓은 할인점도 있지만, 문구류는 Office Depot나 Toys 'R' Us, 전자제품은 Fry's, Circuit City, Best Buy 등의 전문점이 있습니다.

미국의 화폐 단위

일반적으로 사용되는 통화로서 지폐(Bill빌)는 $1, $5, $10, $20, $50, $100 짜리가 있으며, 동전(Coin코인)에는 Penny, Nickel, Dime, Quarter가 있다. 보통 $50과 $100 지폐는 대부분의 상점에서 위조방지 차원에서 확인을 하므로 이보다 작은 단위의 지폐를 사용하는 것이 좋다.

Shopping
Tips

동전(Coin)

Penny (페니) 1 Cent 짜리 동전 (한국의 10원짜리 동전 색과 같음)

Nickel (니켈) 5 Cent 짜리 동전 (한국의 50원짜리 동전 크기)

Dime (다임) 10 Cent 짜리 동전 (동전 중 크기가 제일 작음)

Quarter (쿼터) 25 Cent 짜리 동전 (한국의 100원짜리 동전 크기)

흥정이 가능한 미국의 벼룩시장

백화점과 웬만한 상점은 정가제이지만, 미국에서 흥정을 할 수 있는 두 곳이 바로 자동차 판매점과 벼룩시장(Flea Market 플리 마킷)입니다. 미국 사람들은 중고품을 팔고 사는 것에 아주 익숙해서 주말마다 벼룩시장이 잘 선답니다. 벼룩시장에서는 판매자가 흥정을 염두에 두고 가격을 부르기 때문에 반드시 가격 흥정을 해야 합니다. "It's too expensive.(잇츠 투 익스펜시브. | 너무 비싸요.)"라고 일단 말을 시작해서 "Could you give me a discount?(쿠쥬 깁미 어 디스카운트? | 할인해 주실 수 있나요?)"라고 하세요. 반드시 깎아 줄 겁니다.

해외에서의 쇼핑 팁

미국에서 거스름돈을 받을 때 우리나라와 아주 다른 점이 있습니다. 예를 들어 물건 값이 75달러 55센트인데 100달러를 냈다고 했을 때, 한국에서는 바로 계산을 해서 100-75.55를 뺀, 24달러 45센트를 한 번에 주는데 미국에서는 100달러를 다시 채워 준다는 개념으로 접근합니다.

즉, 점원이 먼저 동전을 채워 주면서 $76.00이라고 말을 하고, 1달러를 한 장씩 주면서 $77.00, $78.00, $79,00 and $80.00이라고 한 후, 10달러를 한 장씩 주면서 $90.00 and $100라고 하는 거죠.

관광객으로서 누릴 수 있는 혜택이 바로 부가가치세(VAT, Value Added TAX 밸류 애디드 택스) 환급입니다. 상점을 지나다 보면 TAX Free(택스 프리) 또는 VAT

알아 두면 좋아요!
쇼핑하기

Refund(배트 뤼펀드)라고 쓰여진 곳이 있는데, 이런 곳에서 물건을 사면 부가가치세 환급이 가능합니다. 나라별로 일정 금액 이상의 물건에 대해서만 부가가치세 환급이 가능한 경우가 있다는 것도 알아 두세요.

물건을 사면 점원이 먼저 관광객임을 알고 "**Do you want a tax refund on this?**(두유 원트 어 텍스 뤼펀드 온 디스? | 부가가치세 환급을 원하시나요?)" 이렇게 묻는 경우가 많은데, "**Yes.**"라고 대답을 하면 점원이 영수증과 환급에 필요한 전표를 줍니다. 이를 잘 보관해 놓았다가 출국하기 전 공항의 세금 환급 사무소(**VAT Refund Office** 배트 뤼펀드 오피스)에서 구입한 물건과 전표를 보여 주면 환급이 가능합니다.

물건을 현금으로 사셨으면 환급 사무소에서 직접 현금으로 환급을 해 주거나, 현금 환급으로 교환이 되는 전표를 주는데, 이것을 가지고 공항에 있는 은행에서 환급을 받으시면 됩니다. 신용카드로 물품을 구매했을 경우에, 전표에 도장을 받아 우체통에 넣으면 유럽 지역의 경우 **Global Refund**(글로벌 뤼펀드)라는 곳에서 원칙상 6주 내에 환급을 해 줍니다. 하지만 대개 그 이상이 걸리는 경우가 많으므로 빠른 환급을 원한다면 현금 환급이 낫습니다.

우리나라와 마찬가지로 교환이나 환불 시에는 영수증 지참이 필수이니, 영수증을 버리지 마시고요. 외국도 백화점은 교환이나 환불이 쉽지만, 일반 가게의 경우 불가능한 곳도 있으니 주의하세요. 심지어 프랑스의 명품 부띠끄에서도 환불은 안 되고 교환만 되는 경우도 있습니다.

문화 팁
옷 품질은 대체로 한국이 더 좋습니다. 외국에서 옷을 살 때에는 소매 길이, 바지 길이 등이 잘 맞지 않아 옷 사는 것이 쉽지만은 않습니다. 그래서 직접 입어 보고 사야 실수가 없습니다.

외국, 특히 미국은 샘플을 후하게 줍니다. 혹시 필요한 제품이 있을 때, 꼭 집어서 달라고 하면 한참을 쓸 수 있는 대용량 샘플을 주는 경우가 많습니다. 그리고 향수 같은 경우 프랑스에서는 구매하지 않아도 특정 향수 샘플을 달라고 하면

Shopping
Tips

조그만 통에 담아서 줍니다. 그걸 며칠 뿌려 보고 마음에 들면 나중에 구매하면 되지요. 프랑스에 가면 주저하지 말고 평소에 뿌려보면 어떨까 하는 향수 샘플을 달라고 해 보세요.

옷 사이즈

Size 2 = B32.5, W24.5, H35 인치
Size 4 = B33.5, W25.5, H36 인치
Size 6 = B34.5, W26.5, H37 인치
Size 8 = B35.5, W27.5, H38 인치
Size 10 = B36.5, W28.5, H39 인치
Size 12 = B38, W30, H40.5 인치
Size 14 = B39.5, W31.5, H42 인치
Size 16 = B41, W33, H43.5 인치

T-shirt 사이즈

XS = Size 2
S = Size 4 ~ Size 6
M = Size 8 ~ Size 10
L = Size 12 ~ Size 14
XL = Size 16

신발 사이즈

남자의 경우
Size 6 = 240 mm
Size 7 = 250 mm
Size 8 = 260 mm
Size 9 = 270 mm

여자의 경우
Size 5 = 220 mm
Size 6 = 230 mm
Size 7 = 240 mm
Size 8 = 250 mm

미국의 세일 기간

1월 - 신정 세일(New Year's Day Sale)
1월 1일을 기점으로 며칠간 거의 대부분의 물품들을 세일합니다.

2월 - 발렌타인데이 세일(Valentine's Day Sale)
2월 14일을 기준으로 1주일 전부터 시작합니다.

- 워싱턴 탄생일 세일(Washington's Birthday Sale)
2월 22일의 1주일 전부터 부엌용품, 식기류, 가정용품 등의 바겐세일을 합니다.

5월 - 어머니날(Mother's Day)

알아 두면 좋아요!
쇼핑하기

5월 두 번째주 일요일 1주일 전부터 시작합니다.

- **메모리얼 데이(Memorial Day)**

  5월 마지막 월요일의 1주일 전부터 TV, 시트·담요류, 다이아몬드, 여성용 선물용품 등을 세일합니다.

6월 – 아버지날(Father's Day)

6월 두 번째주 일요일 1주일 전부터 남성용 선물용품 등을 세일합니다.

7월 – 독립기념일 세일(Independence Day Sale)

7월 4일의 1주일 전부터 거의 대부분의 상품에 걸쳐 바겐세일을 합니다.

8월 – 백투더스쿨 세일(Back-to-School Sale)

8월 중순 학교 개학할 쯤에 학교에서 필요한 용품 등 갖가지 물건들을 세일합니다.

9월 – 노동절 세일(Labor Day Sale)

9월 첫 번째 월요일 1주일 정도 전부터 새 차, 원예용품, 가구, 문방구류 등을 세일합니다.

11월 – 추수감사절 세일(Thanksgiving Day Sale)

11월 넷째 목요일 1주일 정도 전부터 세일합니다.

- **블랙 프라이데이(Black Friday)**

  추수감사절 다음 금요일에 파격적인 세일을 합니다.

12월 – 크리스마스 세일(Christmas Sale)

11월 추수감사절 직후부터 세일합니다.

- **애프터 크리스마스 세일 (After Christmas Sale)**

  일반적으로 12월 26일 하루 세일합니다.

유럽의 세일

유럽의 세일은 일 년에 크게 두 번 합니다. 기간은 나라별로 조금씩 차이가 나는데 대체적으로 7월 말 경에서 8월 말 경에 한 번, 그리고 12월 말에서 2월 초까지 또 한 번 합니다. 인기 제품은 세일 첫 주에 거의 팔리고 세일 기간 후반으로 갈수록 할인율은 커집니다.

7

웬만한 여행영어 단어로 통한다

식사하기

Eating Out
Words

 7-1

1. 레스토랑에서 2명 자리를 달라고 할 때

   ### A table for two.
   어 테이블 포 투. | 2명 자리요.

   ☞ I'd like a table for two, please.
   아이드 라이커 테이블 포 투, 플리즈. | 2명 자리로 주세요.

2. 레스토랑에서 메뉴를 달라고 할 때 점원에게

   ### Menu.
   메뉴. | 메뉴요.

   ☞ Menu, please.
   메뉴, 플리즈. | 메뉴 좀 주세요.

   ☞ Can I get a menu?
   캐나이 겟 어 메뉴? | 메뉴 좀 주실래요?

3. 레스토랑에서 점원에게 주문하겠다고 할 때

   ### Order.
   오더. | 주문이요.

   ☞ I'd like to order.
   아이드 라익 투 오더. | 주문하고 싶습니다.

4. 레스토랑에서 주문할 준비가 되었냐고 묻는 점원의 말에 아니라고 할 때

   ### No.
   노우. | 아니요.

   ☞ No, not yet.
   노우 낫 옛. | 아니요, 아직이요.

단어만으로도 말이 되네!
통하는 단어

5. **레스토랑에서 다른 사람과 똑같은 것을 주문할 때**

   ## The same. / Same here.
   더 쎄임. / 쎄임 히얼. | (저도) 같은 거요.

   ☞ I'll have the same.
   아일 해브 더 쎄임. | 같은 걸로 할게요.

---

6. **레스토랑에서 추천할 음식이 있냐고 물을 때**

   ## Any recommendations?
   애니 레커멘데이션스? | 추천하실 것 있나요?

   ☞ Do you have any recommendations?
   두유 해브 애니 레커멘데이션스? | 추천하실 것 있나요?

   ☞ What do you recommend?
   왓 두유 레커멘드? | 뭘 추천하시나요?

---

7. **레스토랑에서 스테이크를 먹겠다고 말할 때**

   ## Steak.
   스테이크. | 스테이크요.

   ☞ I'll have steak.
   아일 해브 스테이크. | 스테이크로 할게요.

---

8. **레스토랑에서 스테이크를 바싹 구워 달라고 할 때**

   ## Well done.
   웰 던. | 바싹 구워 주세요.

   ☞ I'd like my steak well done.
   아이드 라익 마이 스테이크 웰 던. | 제 스테이크는 바싹 구워 주세요.

Eating Out
Words

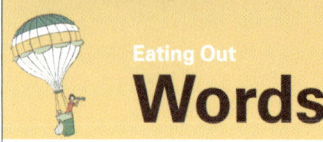 7-1

9. 사이드 메뉴로 수프나 샐러드 중 수프를 먹겠다고 말할 때

Soup.
쑵. | 수프요.

☞ I'll have soup, please.
아일 해브 쑵, 플리즈. | 수프로 할게요.

---

10. 점원에게 냅킨을 달라고 할 때

Napkins, please.
냅킨즈, 플리즈. | 냅킨이요.

☞ Can I have some napkins, please?
캔 아이 해브 썸 냅킨즈, 플리즈? | 냅킨 좀 주시겠어요?

---

11. 드레싱을 더 달라고 요청할 때

More dressing.
모어 쥬레싱. | 드레싱 더요.

☞ Can I have some more dressing?
캔 아이 해브 썸 모어 쥬레싱? | 드레싱 더 주시겠어요?

---

12. 남은 음식을 싸 달라고 점원에게 말할 때

Can I have a doggie bag, please?
캔 아이 해브 어 도기 백, 플리즈? | 싸 주시겠어요?

☞ I'd like to take the rest with me.
아이드 라이크 투 테이크 더 뤠스트 위드 미. | 나머지는 싸 가고 싶습니다.

단어만으로도 말이 되네!
통하는 단어

13. 레스토랑에서 음식을 먹고 계산서를 달라고 할 때

Check, please.
체크, 플리즈. | 계산서요.

☞ I'd like the check, please.
아이드 라익 더 체크, 플리즈. | 계산서 주세요.

---

14. 아침 부페에서 오믈렛에 다 넣어 달라고 요리사에게 말할 때

Everything.
에브리띵. | 다요.

☞ I'd like everything.
아이드 라익 에브리띵. | 다 넣어 주세요.

---

15. 패스트푸드점에서 점원에게 여기서 먹겠다고 말할 때

For here.
포 히얼. | 여기서요.

☞ I'll eat it here.
아일 이릿 히얼. | 여기서 먹을 거예요.

단어만으로도 말이 되네!
통하는 단어

16. 패스트푸드점에서 세트 메뉴 3번을 먹겠다고 말할 때

Number 3.
넘버 쓰리. | 3번이요.

☞ I'd like number 3.
아이드 라익 넘버 쓰리. | 3번 먹을게요.

---

17. 패스트푸드점에서 음료 리필을 해 달라고 말할 때

Refill.
리필. | 리필이요.

☞ Can I get a refill?
캔 아이 겟 어 리필? | 리필 좀 해 주시겠어요?

---

18. 카페에서 라떼 한 잔을 달라고 할 때

A latte.
어 라떼이. | 라떼 한 잔이요.

☞ I'll have a latte.
아일 해버 라떼이. | 라떼 한 잔 주세요.

---

19. 술집에서 맥주 피처를 달라고 할 때

A pitcher of beer.
어 피쳐 오브 비어. | 맥주 피처 하나요.

☞ Can I get a pitcher of beer?
캔 아이 겟 어 피쳐 오브 비어? | 맥주 피처 하나 주실래요?

180

Eating Out
Patterns

🎯 7-2

I'll have _____. / I'd like _____.
아일 해브 ~ / 아이드 라이크 ~ | ~로 먹을게요.

I'll have **steak**.
아일 해브 스테이크. | 스테이크로 먹을게요.

I'll have **salad**.
아일 해브 쌜러드. | 샐러드로 먹을게요.

I'll have **soup**.
아일 해브 쑵. | 수프로 먹을게요.

I'll have **curry**.
아일 해브 커리. | 카레로 먹을게요.

I'll have **number 1**.
아일 해브 넘버 원. | 세트 메뉴 1번으로 먹을게요.

I'll have **a donut**.
아일 해브 어 도우넛. | 도넛으로 먹을게요.

I'll have **a baked potato**.
아일 해브 어 베익트 포테이토. | 구운 감자로 먹을게요.

I'll have **an espresso**.
아일 해브 언 에스프레소. | 에스프레소로 먹을게요.

I'll have **a mocha**.
아일 해브 어 모커. | 모카로 먹을게요.

I'd like my steak _____.

아이드 라익 마이 스테이크 ~ | 스테이크는 ~로 해 주세요.

I'd like my steak **well done**.
아이드 라익 마이 스테이크 웰 던. | 스테이크는 바싹 익힌 것으로 해 주세요.

I'd like my steak **medium well done**.
아이드 라익 마이 스테이크 미디엄 웰 던. | 스테이크는 약간 바싹 익힌 것으로 해 주세요.

I'd like my steak **medium**.
아이드 라익 마이 스테이크 미디엄. | 스테이크는 중간 정도 구운 것으로 해 주세요.

I'd like my steak **rare**.
아이드 라익 마이 스테이크 레어. | 스테이크는 덜 구운 것으로 해 주세요.

No _____, please.
노우 ~, 플리즈 | ~ 넣지 마세요.

No **ketchup**, please.
노우 케첩, 플리즈. | 케첩은 넣지 마세요.

No **mustard**, please.
노우 머스터드, 플리즈. | 겨자는 넣지 마세요.

No **mayo**, please.
노우 메이요, 플리즈. | 마요네즈는 넣지 마세요.

No **ice**, please.
노우 아이스, 플리즈. | 얼음은 넣지 마세요.

No **spinach**, please.
노우 스피니취, 플리즈. | 시금치는 넣지 마세요.

No **sugar**, please.
노우 슈거, 플리즈. | 설탕은 넣지 마세요.

Eating Out
Dialogues

 7-3

나 메뉴 좀 주실래요?
Can I get a menu?
캔 아이 겟 어 메뉴?

점원 여기 있습니다.
Here it is.
히얼 잇 이즈.

점원 주문하실 준비가 되셨나요?
Are you ready to order?
아 유 레디 투 오더?

나 아니요, 아직이요.
No, not yet.
노우, 낫 옛.

나 추천해 주시겠어요?
Any recommendations?
애니 레커멘데이션스?

점원 오늘의 특선 어떠세요?
How about today's special?
하우 어바웃 투데이즈 스페셜?

나 그걸로 주세요.
I'll have that.
아일 해브 댓.

친구 저도요.

Eating Out
Dialogues

 7-3

Same here.
쎄임 히얼.

나 스테이크 먹을게요.
I'll have steak.
아일 해브 스테이크.

점원 스테이크는 어떻게 익혀 드릴까요?
How would you like your steak?
하우 우쥬 라익 유어 스테이크?

나 덜 익혀 주세요.
I'd like my steak rare.
아이드 라익 마이 스테이크 레어.

점원 수프와 샐러드 중 뭘 드릴까요?
Would you like soup or salad?
우쥬 라익 쑵 오어 쌜러드?

나 수프로 할게요.
I'll have soup, please.
아일 해브 쑵, 플리즈.

요리사 오믈렛에 뭘 넣어 드릴까요?
What would you like in your omelet?
왓 우쥬 라이킨 유어 아믈릿?

나 다요.
I'd like everything.
아이드 라익 에브리띵.

상황별 필수 대화!
통하는 대화

점원 다음이요.
Next.
넥스트.

나 2번 세트요.
I'll have number 2.
아일 해브 넘버 투.

점원 여기서 드시나요, 가지고 가시나요?
For here or to go?
포 히얼 오어 투 고우?

나 여기서 먹어요.
For here.
포 히얼.

나 계산서 주세요.
Check, please.
췌크, 플리즈.

점원 여기요.
Here you go.
히얼 유 고우.

나 신용카드도 받으시나요?
Do you take credit cards?
두유 테익 크레딧 카즈?

Eating Out
Expressions

 7-4

이런 말을 듣게 돼요!

흡연석으로 드릴까요, 비흡연석으로 드릴까요?
Smoking or non-smoking?
스모킹 오어 넌 스모킹?

뭘 드릴까요?
What can I get you?
왓 캔 아이 겟츄?

에피타이저 드시겠습니까?
Would you like an appetizer?
우쥬 라이컨 에피타이저?

음료는 무엇으로 하시겠습니까?
What would you like to drink?
왓 우쥬 라익 투 쥬링크?

드레싱을 무엇으로 하시겠습니까?
What kind of dressing would you like?
왓 카인도브 쥬레싱 우쥬 라익?

커피나 디저트 드시겠습니까?
Any coffee or dessert for you?
애니 커피 오어 디저트 포 유?

필수 표현

스테이크를 시키시면 수프나 샐러드를 선택하실 수 있습니다.
Your steak comes with a choice of soup or salad.
유어 스테이크 컴즈 위더 초이스 오브 쑵 오어 쌜러드.

사이즈는요?
What size?
왓 싸이즈?

계산서 여기 있습니다.
Here's your bill.
히얼즈 유어 빌.

이건 서비스입니다.
This is on the house.
디스 이즈 온 더 하우스.

20달러 50센트입니다.
That'll be $20.50.
댓일 비 트웬티 달러즈 앤 피프티 센츠.

거스름돈 여기 있습니다.
Here is your change.
히얼 이즈 유어 췌인지.

Eating Out
Expressions

 7-5

이렇게 말해 보세요!

지역 음식을 맛보고 싶어요.
I want to try some local food.
아이 원투 츄라이 썸 로컬 푸드.

음료는 어떤 것이 있죠?
What kind of drinks do you have?
왓 카인도브 쥬링스 두유 해브?

맥주는 어떤 것이 있죠?
What kind of beer do you have?
왓 카인도브 비어 두유 해브?

한국 요리 있습니까?
Do you have Korean food?
두유 해브 코리언 푸우드?

주문을 바꿔도 됩니까?
May I change my order?
메이 아이 췌인쥐 마이 오더?

제가 주문한 것이 아닌데요.
This is not what I ordered.
디스 이즈 낫 왓 아이 오더드.

필수 표현

너무 싱거워요.
It's too bland.
이츠 투 블랜드.

소금을 더 넣어 주세요.
It needs more salt.
잇 니즈 모어 쏠트.

소금 좀 주세요.
I need some salt.
아이 니드 썸 쏠트.

너무 짜요.
It's too salty.
이츠 투 쏠티.

이거 맵나요?
Is this spicy?
이즈 디스 스파이씨?

치킨이 다 식었어요.
This chicken is cold.
디스 취킨 이즈 콜드.

케첩 많이 주세요.
I want lots of ketchup.
아이 원 라츠 오브 케첩.

필수 표현

계산은 여기서 하나요, 계산대로 가서 하나요?
Can I pay you or the cashier?
캐나이 페이 유 오어 더 캐쉬어?

영수증 주실래요?
May I have a receipt?
메이 아이 해버 뤼씻트?

거스름돈을 덜 주신 것 같은데요.
I think I got shortchanged.
아이 띵크 아이 갓 숏체인쥐드.

건배!
Cheers!
취어즈!

원 샷!
Bottoms up!
바름즈 업!

Eating Out
Useful Words

 7-6

Korean restaurant 코리언 레스토란 | 한국 음식점
Chinese restaurant 챠이니즈 레스토란 | 중국 음식점
Japanese restaurant 재퍼니즈 레스토란 | 일본 음식점
Italian restaurant 이탤리언 레스토란 | 이태리 음식점
French restaurant 프렌춰 레스토란 | 프랑스 음식점
Indian restaurant 인디언 레스토란 | 인도 음식점
fast food restaurant 패스트 푸드 레스토란 | 패스트푸드점
hamburger, burger 햄버어거, 버거 | 햄버거
fries 프라이즈 | 감자 튀김
appetizer 애피타이저 | 애피타이저
main dish 메인 디쉬 | 주 요리
meat 미트 | 고기
beef 비프 | 소고기
pork 포크 | 돼지고기
chicken 취킨 | 닭고기
turkey 터키 | 칠면조
mutton, lamb 머튼 램 | 양고기
lobster 랍스터 | 랍스터
seafood 씨푸드 | 해산물 요리
crab 크랩 | 게
shrimp 슈림프 | 새우
clam, shellfish 클램, 쉘피쉬 | 조개
pickle 피클 | 피클
bread 브레드 | 빵
dessert 디저트 | 디저트
salad dressing 쌜러드 쥬레싱 | 샐러드 드레싱
pickup counter 피컵 카운터 | 음료 받는 곳
iced tea 아이스트 티 | 아이스 티
drip coffee 쥬립 커피 | 원두 커피
gourmet coffee 구어메이 커피 | 고급 커피
milk 미얼크 | 우유
soda 쏘우더 | 탄산 음료

유용한 단어!
식사하기

Coke 코우크 | 콜라
salt 쏠트 | 소금
sugar 슈거 | 설탕
sauce 쏘스 | 소스
mustard 머스터드 | 겨자
pepper 페퍼 | 후추
sweet 스윗 | 단
hot, spicy 핫, 스파이씨 | 매운
salty 쏠티 | 짠
sour 싸우어 | 시다
bitter 비터 | 쓴
low-fat 로우 팻 | 저지방
non-fat 넌 팻 | 무지방
decaf 디캐프 | 무카페인
straw 스트로 | 빨대
today's special 투데이즈 스페셜 | 오늘의 요리
chef's recommendation 셰프스 레커멘데이션 | 주방장 추천 요리

Eating Out
Tips

호텔에서 아침 식사하기

보통 호텔 조식은 무료로 제공되는데요. 호텔에 따라 체크인을 할 때 쿠폰을 주고 아침 식사를 할 레스토랑에 들어갈 때 하나씩 제시하게 할 수도 있습니다. 호텔 레스토랑에 들어가면 무작정 앉지 마세요. 입구에 서 있으면 웨이터가 안내해 주는 경우가 많습니다. 마음대로 앉을 수 있는 레스토랑의 경우에는 reserved(리저브드 | 예약석)이라고 표시된 자리는 피하시면 됩니다. 대개 뷔페식이 많아서 일단 테이블에 앉으면 커피나 차가 제공되고, 접시를 들고 다니며 골라 먹으면 되는데, 거창한 음식보다는 빵, 계란 요리, 샐러드류가 많습니다.

그런데 가끔 휴양지의 리조트에서는 음식과 물까지는 무료인데, 추가적인 음료 (콜라, 사이다) 등은 요금을 부과하는 경우가 있으니 주의하세요. 이럴 때 확실히 하기 위해서 "Do you charge for drinks?(두 유 차쥐 포 쥬링스? | 음료 요금을 부과하시나요?)" 이렇게 물어보면 됩니다. "Yes."라고 웨이터가 답할 경우 음료수 값이 따로 방으로 청구되는 것인데, 좀 비싸다는 것을 유념하세요.

계란 요리의 종류

아침 뷔페에 꼭 빠지지 않는 것이 계란 요리를 해 주는 코너인데요. 요리사에게 가서 원하는 계란 요리 종류를 말씀하시면 됩니다. 바로 되는 경우도 있고, 주문이 밀린 경우에는 요리사가 "Will you be back in 5 minutes?(윌 유 비 백 인 파이브 미뉘츠? | 5분 있다 오시겠어요?)"라고 물어봅니다. 그런 경우 다른 음식을 뜨고 5분 후에 다시 가면 맛있는 계란 요리가 기다리고 있을 겁니다.

Eating Out
Tips

스크램블	한 면만 프라이	반숙 Soft-boiled	오믈렛
Scrambled	Sunny side up	완숙 Hard-boiled	Omelet
스크램블드	써니 싸이드 업	쏘프트 보일드 하드 보일드	오믈릿

스테이크의 굽기 정도

거의 익히지 않은	중간 정도 익힌	바싹 보다 덜 익힌	바싹 익힌
Rare	Medium	Medium well done	Well done
레어	미디엄	미디엄 웰던	웰던

다양한 패스트 푸드 맛보기

유럽 같은 경우는 각 나라마다 맥도날드의 메뉴가 다르답니다. 각 나라의 특성을 살려서 메뉴를 개발하는 것이죠. 예를 들면 우리나라엔 '불고기 버거' 같은 메뉴가 있죠. 이런 메뉴를 한 번씩 맛보는 것도 재미있답니다. 미국 같은 경우에는 요즘 건강에 대한 관심이 높아서 샐러드와 같은 건강식 메뉴의 종류가 정말 다양합니다.

알아 두면 좋아요!
식사하기

인색한 외국의 물 인심
외국은 물 인심이 생각보다 짭답니다. 아무리 고급 음식점이어도 생수를 마시고 싶으면 따로 돈을 주고 사야 합니다. 그렇지 않으면 그냥 수돗물을 준답니다. 우리나라에서 생수를 공짜로 주던 생각을 하면 아까울 수 있지만 어쩔 수 없죠. 고급 식당에 갔을 때 서비스가 마음에 들지 않거나 불편한 사항이 있으면 바로 지적하시고 팁은 지불하지 않으셔도 됩니다.

음식 주문 시 단어만 짧게 말하세요.
패스트푸드점도 그렇고 스타벅스 같은 커피숍에서는 주문을 할 때 "Could I get ~?(쿠드 아이 겟~?)"과 같이 완성된 문장보다는 원하는 것의 단어를 짧게 말하는 것이 더 효과적이랍니다. 예를 들어 콜라를 원하면 "Coke, please.(코우크, 플리즈.)"라고 하면 되는 거죠. 프랑스에 가면 노천카페에 앉아서 에스프레소를 즐기면서 대화를 나누는 사람들을 많이 볼 수 있습니다. 한 번쯤 여유롭게 노천카페에 앉아서 에스프레소를 즐기는 건 어떨까요?

외국에서 직불카드 사용 시 주의 사항
외국에서 카드를 사용할 때 조심스러운 점이 바로 취소하는 경우입니다. 외국에서 직불카드로 결제한 후 취소를 하고 한국에 돌아와서 보면 돈이 인출된 경우가 대부분입니다. 이런 경우엔 당황하지 마세요. 직불카드는 일반 신용카드보다 처리 기간이 오래 걸린다고 하네요. 결제를 취소할 경우에는 꼭 취소 전표를 챙기세요. 취소 전표가 있으면 해당 카드사에 전화해서 문의하시면 거의 해결된답니다.

8

웬만한 여행영어 단어로 통한다

혼자은박 문화하기

Socializing
Words

 8-1

1. 여행 중에 만난 외국인에게 이름을 소개할 때
Min-Soo.
민수. | 민수입니다.

☞ **I'm Min-Soo.**
아임 민수. | 전 민수입니다.

---

2. 외국인에게 한국에서 왔다고 말을 할 때
Korea.
코리아. | 한국이요.

☞ **I'm from Korea.**
아임 프럼 코리아. | 저는 한국에서 왔습니다.

---

3. 외국인에게 이름을 물어볼 때
Your name?
유어 네임? | 당신 이름은?

☞ **What's your name?**
왓츠 유어 네임? | 당신 이름이 무엇이죠?

---

4. 외국인에게 스펠링을 물어볼 때
Spelling?
스펠링? | 스펠링이?

☞ **Can you spell that?**
캔 유 스펠 댓? | 스펠링을 알려 주실래요?

단어만으로도 말이 되네!
통하는 단어

5. 외국인에게 여행 중이라고 말할 때

   Traveling.
   츄래블링. | 여행이요.

   ☞ I'm traveling.
   아임 츄래블링. | 전 여행 중입니다.

---

6. 외국인에게 출장 중이라고 말할 때

   A business trip.
   어 비즈니스 츄립. | 출장이요.

   ☞ I'm on a business trip.
   아임 온 어 비즈니스 츄립. | 전 출장 중입니다.

---

7. 외국인에게 1주일간 여행한다고 말할 때

   A week.
   어 윅. | 1주일이요.

   ☞ For a week.
   포 어 윅. | 1주일 동안이요.

---

8. 처음 방문하는 것이라고 외국인에게 말할 때

   First visit.
   퍼스트 비짓. | 처음 방문이요.

   ☞ This is my first visit.
   디스 이즈 마이 퍼스트 비짓. | 이게 제 첫 방문입니다.

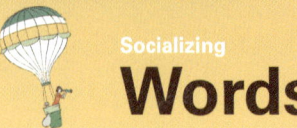

Socializing
Words

 8-1

9. 여행이 어떠냐고 묻는 외국인에게 좋다고 말할 때

Great.
그레잇. | 매우 좋아요.

☞ It's great.
이츠 그레잇. | 여행이 매우 좋아요.

---

10. 외국인에게 시간을 물어볼 때

What time?
왓 타임? | 몇 시죠?

☞ What time is it now?
왓 타임 이즈 잇 나우? | 지금 몇 시죠?

---

11. 외국인에게 뉴욕으로 가냐고 물어볼 때

Going to New York?
고잉 투 뉴욕? | 뉴욕으로 가시나요?

☞ Are you going to New York?
아 유 고잉 투 뉴욕? | 당신 뉴욕으로 가시나요?

---

12. 외국인이 한 말을 못 알아들었을 때

Sorry?
쏘리? | 네?

☞ I'm sorry?
아임 쏘리? | 네?

단어만으로도 말이 되네!
통하는 단어

13. 외국인에게 좀 천천히 말해 달라고 부탁할 때

Speak slowly, please.
스픽 슬로울리, 플리즈. | 천천히 말씀해 주세요.

☞ Could you speak more slowly?
크쥬 스픽 모어 슬로울리? | 좀 천천히 말씀해 주시겠어요?

---

14. 외국인에게 고맙다고 말할 때

Thanks.
땡쓰. | 고마워요.

☞ Thank you.
땡큐. | 감사합니다.

---

15. 외국인에게 사과할 때

Sorry.
쏘리. | 죄송해요.

☞ I'm so sorry.
아임 쏘 쏘리. | 정말 죄송합니다.

---

16. 외국인에게 명함을 주면서 말할 때

My business card.
마이 비즈니스 카드. | 명함이요.

☞ Here's my business card.
히얼즈 마이 비즈니스 카드. | 여기 제 명함입니다.

Socializing
Patterns

 8-2

I'm traveling with my _____.
아임 츄래블링 위드 마이 ~ | ~와 여행하고 있습니다.

I'm traveling with my **family**.
아임 츄래블링 위드 마이 패밀리. | 가족과 여행하고 있습니다.

I'm traveling with my **friends**.
아임 츄래블링 위드 마이 프렌즈. | 친구들과 여행하고 있습니다.

I'm traveling with my **boyfriend**.
아임 츄래블링 위드 마이 보이프렌드. | 남자 친구와 여행하고 있습니다.

I'm traveling with my **girlfriend**.
아임 츄래블링 위드 마이 걸프렌드. | 여자 친구와 여행하고 있습니다.

I'm traveling with my **husband**.
아임 츄래블링 위드 마이 허즈번드. | 남편과 여행하고 있습니다.

I'm traveling with my **wife**.
아임 츄래블링 위드 마이 와이프. | 부인과 여행하고 있습니다.

I'm traveling with my **son**.
아임 츄래블링 위드 마이 썬. | 아들과 여행하고 있습니다.

I'm traveling with my **daughter**.
아임 츄래블링 위드 마이 도터. | 딸과 여행하고 있습니다.

Have you _____?
해뷰 ~? | ~(한 적이) 있나요?

Have you **visited Korea**?
해뷰 비지티드 코리아? | 한국에 방문한 적이 있나요?

Have you **had kimchi**?
해뷰 해드 킴치? | 김치를 먹어 본 적이 있나요?

Have you **been to Paris**?
해뷰 빈 투 패리스? | 파리에 가 본 적이 있나요?

_____ is/are great. ~이즈/아 그레잇 | 이곳의 ~이 훌륭해요.

The people are great.
더 피플 아 그레잇. | 이곳의 사람들이 훌륭해요.

The landscape is great.
더 랜스케이프 이즈 그레잇. | 이곳의 풍경이 훌륭해요.

The food is great.
더 푸드 이즈 그레잇. | 이곳의 음식이 훌륭해요.

The architecture is great.
디 알크텍춰 이즈 그레잇. | 이곳의 건축물이 훌륭해요.

The weather is great.
더 웨더 이즈 그레잇. | 이곳의 날씨가 훌륭해요.

Korea is famous for _____.
코리아 이즈 페이머스 포 ~ | 한국은 ~로 유명합니다.

Korea is famous for **kimchi**.
코리아 이즈 페이머스 포 킴치. | 한국은 김치로 유명합니다.

Korea is famous for **delicious food**.
코리아 이즈 페이머스 포 딜리셔스 푸드. | 한국은 맛있는 음식으로 유명합니다.

Korea is famous for **shipbuilding**.
코리아 이즈 페이머스 포 쉽빌딩. | 한국은 조선소로 유명합니다.

Korea is famous for **electronics**.
코리아 이즈 페이머스 포 일렉트라닉스. | 한국은 전자제품으로 유명합니다.

Korea is famous for **IT industries**.
코리아 이즈 페이머스 포 아이티 인더스트리즈. | 한국은 IT산업으로 유명합니다.

Korea is famous for **Taekwondo**.
코리아 이즈 페이머스 포 태권도. | 한국은 태권도로 유명합니다.

Socializing
Dialogues

 8-3

외국인 안녕하세요, 만나서 반가워요. 전 밥입니다.
Hi, nice to meet you. I'm Bob.
하이 나이스 투 미츄. 아임 밥.

나 전 수입니다.
I'm Soo.
아임 수.

외국인 어디서 오셨나요?
Where are you from?
웨얼 아유 프럼?

나 한국에서 왔어요.
I'm from Korea.
아임 프럼 코리아.

외국인 여행 중이신가요?
Are you traveling?
아 유 츄래블링?

나 네, 여행 중이에요.
Yes. I'm traveling.
예스. 아임 츄래블링.

외국인 처음 방문하신 건가요?
Is this your first visit?
이즈 디스 유어 퍼스트 비짓?

상황별 필수 대화!
통하는 대화

나 좀 천천히 말씀해 주시겠어요?
Could you speak more slowly?
크쥬 스픽 모어 슬로울리?

외국인 그럼요. 이번에 처음 방문하신 건가요?
Sure. Is this your first visit?
슈어. 이즈 디스 유어 퍼스트 비짓?

나 네. 이게 제 첫 방문입니다.
Yes. This is my first visit.
예스. 디스 이즈 마이 퍼스트 비짓.

외국인 얼마나 오래 여행하시나요?
How long are you traveling?
하우 롱 아유 츄래블링?

나 1주일 동안이요.
For a week.
포 어 윅.

외국인 좋은 여행하세요.
Have a good trip.
해버 굿 츄립.

나 당신도요.
You, too.
유, 투.

상황별 필수 대화!
통하는 대화

외국인 여행 어떠세요?
How do you like your trip?
하우 두 유 라익 유어 츄립?

나 네?
I'm sorry?
아임 쏘리?

외국인 지금까지 여행 괜찮나요?
Do you like your trip so far?
두 유 라익 유어 츄립 쏘 파?

나 네, 아주 좋아요.
Yes. It's great.
예스. 이츠 그레잇.

나 한국에 방문하신 적 있나요?
Have you ever visited Korea?
해뷰 에버 비지티드 코리아?

외국인 네, 작년에요. 음식이 좋았어요.
Yes. Last year. I liked the food there.
예스. 래스트 이얼. 아이 라익트 더 푸드 데얼.

나 한국은 맛있는 음식으로 유명하죠.
Korea is famous for delicious food.
코리아 이즈 페이머스 포 딜리셔스 푸드.

Socializing
Expressions 8-4

이런 말을 듣게 돼요!

만나서 반가워요.
Nice to meet you.
나이스 투 미츄.

어디로 가시는 길인가요?
Where are you headed?
웨얼 아유 헤디드?

어떤 일을 하시나요?
What do you do?
왓 두유 두?

혼자 여행하고 계시나요?
Are you traveling alone?
아유 츄래블링 얼론?

여행 많이 해 보셨나요?
Have you traveled a lot?
해뷰 츄래블드 어 랏?

다음 행선지는 어디시죠?
Where do you plan to go next?
웨얼 두유 플랜 투 고우 넥스트?

필수 표현

언제 떠나시죠?
When will you leave?
웬 윌 유 리브?

만나서 반가웠어요.
It was nice meeting you.
잇 워즈 나이스 미링 유.

계속 연락하며 지내요.
Let's keep in touch.
레츠 키핀 터치.

이메일 주소 좀 알려 주시겠어요?
Can I get your e-mail address?
캐나이 게츄어 이메일 어쥬레스?

휴대폰 번호 좀 알려 주시겠어요?
Can I get your cell phone number?
캐나이 게츄어 쎌 폰 넘버?

이렇게 말해 보세요!

저는 서울에 살아요.
I live in Seoul.
아이 리빈 써울.

학생입니다.
I'm a student.
아임 어 스튜던트.

회사원입니다.
I'm a businessman.
아임 어 비즈니스맨.

무역 회사에서 근무합니다.
I work for a trading company.
아이 웍 포 어 츄레이딩 컴퍼니.

여기 5일 동안 머물 예정입니다.
I'm staying here for five days.
아임 스테잉 히얼 포 파이브 데이즈.

어디가 가 볼 만한가요?
Any sightseeing suggestions?
애니 싸이트씽 써제스췬스?

Socializing
Expressions

호주에 가 본 적이 없어요.
I have never been to Australia.
아이 해브 네버 빈 투 오스트레일리아.

다음엔 도쿄로 갑니다.
I'm going to Tokyo next.
아임 고잉 투 토쿄 넥스트.

20일에 떠나요.
I'm leaving on the 20th.
아임 리빙 온 더 트웬티쓰.

전 여행을 좋아해요.
I like traveling.
아이 라익 츄래블링.

한국은 일본과 2002년 월드컵을 공동 개최했었죠.
Korea co-hosted the 2002 World Cup with Japan.
코리아 코우호스티드 더 투싸우즌 투 월드컵 위드 재팬.

한국은 세계에서 인터넷 연결망이 가장 잘 발달된 나라이죠.
Korea is the most wired country in the world.
코리아 이즈 더 모스트 와이어드 컨츄리 인 더 월드.

필수 표현

이해가 안돼요.
I don't get it.
아이 돈 겟 잇.

저도요.
Same to you.
쎄임 투 유.

당신도요.
You, too.
유, 투.

방금 뭐라고 하셨죠?
What did you just say?
왓 디쥬 저스트 세이?

Socializing
Useful Words

8-6
유용한 단어!
현지인과 대화하기

backpacking 백패킹 | 배낭 여행
package tour 패키쥐 투어 | 패키지 관광
business trip 비즈니스 츄립 | 출장
business card 비즈니스 카드 | 명함
student 스튜던트 | 학생
major 메이저 | 전공
businessman, businesswoman 비즈니스맨, 비지니스우먼 | 회사원
salesman, saleswoman 세일즈맨, 세일즈우먼 | 영업사원
soccer 싸커 | 축구 ● 중성적인 표현으로 salesperson을 쓰기도 한다.
country 컨츄리 | 나라
city 씨티 | 도시
town 타운 | 마을
place 플레이스 | 장소
landscape 랜스케이프 | 풍경
scenery 씨너리 | 경치
delicious 딜리셔스 | 맛있는
wonderful 원더풀 | 멋진
exciting 익싸이팅 | 신나는
spectacular 스펙테큘러 | 장관인
terrific 터리픽 | 매우 좋은
famous 페이머스 | 유명한
first time 퍼스트 타임 | 처음
so far 쏘 파 | 여태까지
address 어쥬레스 | 주소
e-mail address 이메일 어쥬레스 | 이메일 주소
cell(mobile) phone number 쎌(모바일) 폰 넘버 | 휴대폰 번호

Socializing
Tips

알아 두면 좋아요!
현지인과 대화하기

말을 못 알아들었을 때 이렇게 말하세요.

상대방 말을 못 알아들었을 때 많이 하는 말 중의 하나가 "I'm sorry?(아임 쏘리?)"인데요. "죄송합니다."라는 의미로 많이 알려져 있는데, "죄송합니다."의 의미로 쓸 때는 끝을 내려 읽고, "뭐라고요?"라는 뜻으로 읽을 때는 끝을 올려 읽는 것이 포인트입니다. "I'm sorry?(아임 쏘리?)" 이외에도, "Excuse me?(익스큐즈 미?)"(원래는 "실례합니다."란 뜻이지만, 이 경우에는 역시 끝을 올려주세요.), "Pardon me?(파든 미?)" 또는 길게 "Could you say that again?(쿠쥬 쎄이 댓 어게인)"이라고 표현해도 됩니다. 외국인의 말을 한 번에 못 알아듣는 경우가 많으니 유용한 표현이 될 겁니다.

Republic of Korea

외국 여행 중에 "I'm from Korea.(아임 프럼 코리아)"라고 말하면 외국인들은 "North or south?(노어쓰 오어 싸우쓰?)"라고 묻곤 합니다. 물론 "South Korea.(싸우쓰 코리아)"라고 대답하더라도 한국에 관심이 많지 않은 외국인들은 남한과 북한 중에 어느 쪽이 자유국가인지 모르는 사람도 많더군요. 그럴 때는 "Republic of Korea(ROK).(뤼퍼블릭 오브 코리아.)"라고 정확하게 말해 주면 좋겠지요.

질문을 가려서 하세요.

우리나라에서는 처음 만나는 사람에게 나이 등을 물어보는 것이 자연스러운 일이지만 외국은 그렇지 않아요. 나이, 결혼 여부 등과 같은 개인적인 질문은 매우 실례가 된답니다. 궁금하더라도 이런 질문은 피하는 게 매너 있는 대화 방법입니다.

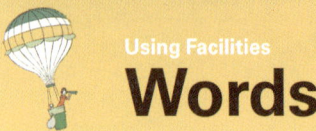

Using Facilities
Words

 9-1

1. 공중 전화가 있는지 물어보고 싶을 때

Pay phone?

페이 폰? | 공중 전화 있나요?

☞ Is there a pay phone around here?

이즈 데얼 어 페이 폰 어라운드 히얼? | 근처에 공중 전화가 있나요?

---

2. 전화 카드를 구매할 때

Calling card.

콜링 카드. | 전화 카드요.

☞ I'd like to buy a calling card.

아이드 라익 투 바이 어 콜링 카드. | 전화 카드를 한 장 사고 싶어요.

---

3. 한국으로 수신자 부담 전화를 걸고 싶을 때 교환원에게

Collect call to Korea.

컬렉트 콜 투 코리아. | 한국으로 수신자 부담 전화요.

☞ I'd like to make a collect call to Korea.

아이드 라익 투 메이커 컬렉트 콜 투 코리아.

| 한국으로 수신자 부담 전화를 걸고 싶습니다.

---

4. 국제 전화를 걸고 싶을 때

International call.

인터내셔널 콜. | 국제 전화요.

☞ I'd like to make an international call.

아이드 라익 투 메이컨 인터내셔널 콜. | 국제 전화를 걸고 싶습니다.

통하는 단어

5. **인터넷이 가능한지 물어보고 싶을 때**

   ### Internet possible?
   인터넷 파써블? | 인터넷 가능해요?

   ☞ Can I use the Internet here?
   캐나이 유즈 디 인터넷 히얼? | 여기서 인터넷을 사용할 수 있나요?

6. **인터넷이 공짜인지 물어보고 싶을 때**

   ### Free?
   프리? | 공짜에요?

   ☞ Is it free?
   이즈 잇 프리? | 공짜입니까?

7. **한국어 키보드가 있는지 물어볼 때**

   ### Korean keyboards?
   코리언 키보즈? | 한국어 키보드 있나요?

   ☞ Do you have Korean keyboards?
   두유 해브 코리언 키보어즈? | 한국어 키보드 있나요?

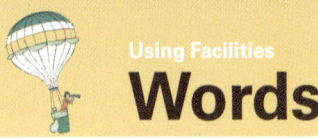

Using Facilities

Words

 9-1

8. 우체국에서 우표를 사고 싶다고 말할 때

   ## Stamps, please.
   스탬스, 플리즈. | 우표요.

   ☞ I'd like to buy some stamps.
   아이드 라익 투 바이 썸 스탬스. | 우표를 좀 사고 싶습니다.

---

9. 우체국에서 엽서를 보내고 싶을 때

   ## Send this postcard.
   쎈 디스 포스트카드. | 이 엽서를 보내 주세요.

   ☞ I'd like to send this postcard.
   아이드 라익 투 쎈 디스 포스트카드. | 이 엽서를 보내고 싶습니다.

---

10. 우체국에서 엽서를 한국으로 보내고 싶다고 말할 때

    ## To Korea.
    투 코리아. | 한국으로요.

    ☞ I'd like to send this postcard to Korea.
    아이드 라익 투 쎈 디스 포스트카드 투 코리아.

    | 이 엽서를 한국으로 보내고 싶습니다.

---

11. 환전을 할 때 달러로 바꾸어 달라고 할 때

    ## Dollars, please.
    달러즈, 플리즈. | 달러로요.

    ☞ Can you change this to dollars?
    캔 유 췌인지 디스 투 달러즈? | 달러로 바꾸어 주시겠어요?

단어만으로도 말이 되네!
통하는 단어

12. 환율이 어떻게 되는지 물어볼 때

Exchange rate?

익스췌인지 레잇? | 환율은요?

☞ **What's the exchange rate?**

왓츠 디 익스췌인지 레잇? | 환율이 어떻게 되죠?

---

13. 소액권으로 달라고 말할 때

Small bills, please.

스몰 빌즈, 플리즈. | 소액권으로요.

☞ **I'd like small bills, please.**

아이드 라익 스몰 빌즈, 플리즈. | 소액권으로 주세요.

---

14. 카드가 손상되었다고 말할 때

My card is damaged.

마이 카드 이즈 데미쥐드. | 내 카드가 손상되었어요.

☞ **I think my card is damaged.**

아이 띵크 마이 카드 이즈 데미쥐드. | 내 카드가 손상된 것 같습니다.

Using Facilities
Patterns

 9-2

Can I use _____? 캐나이 유즈 ~? | ~을 사용할 수 있나요?

Can I use the Internet?
캐나이 유즈 디 인터넷? | 인터넷을 사용해도 되나요?

Can I use the phone?
캐나이 유즈 더 폰? | 전화기를 사용해도 되나요?

Can I use the computer?
캐나이 유즈 더 컴퓨터? | 컴퓨터를 사용해도 되나요?

Can I use the printer?
캐나이 유즈 더 프린터? | 프린터를 사용해도 되나요?

How much is _____? 하우 머취 이즈 ~? | ~는 얼마인가요?

How much is the Internet?
하우 머취 이즈 디 인터넷? | 인터넷 사용료가 얼마인가요?

How much is a calling card?
하우 머취 이즈 어 콜링 카드? | 전화 카드가 얼마인가요?

How much is an international call?
하우 머취 이즈 언 인터내셔널 콜? | 국제 전화가 얼마인가요?

How much is a stamp?
하우 머취 이즈 어 스탬프? | 우표가 얼마인가요?

I'd like to send this _____.
아이드 라익 투 쎈 디스 ~ | 이 ~를 보내고 싶어요.

I'd like to send this postcard.
아이드 라익 투 쎈 디스 포스트카드. | 이 엽서를 보내고 싶어요.

한 가지 패턴으로 여러가지 말을!
통하는 패턴

I'd like to send this package.
아이드 라익 투 쎈 디스 패키쥐. | 이 소포를 보내고 싶어요.

I'd like to send this letter.
아이드 라익 투 쎈 디스 레터. | 이 편지를 보내고 싶어요.

I'd like to send this box.
아이드 라익 투 쎈 디스 박스. | 이 상자를 보내고 싶어요.

Can you change this to _____?

캔 유 췌인지 디스 투 ~? | ~로 바꾸어 주시겠어요?

Can you change this to Korean won?
캔 유 췌인지 디스 투 코리언 원? | 원화로 바꾸어 주시겠어요?

Can you change this to dollars?
캔 유 췌인지 디스 투 달러즈? | 달러로 바꾸어 주시겠어요?

Can you change this to euros?
캔 유 췌인지 디스 투 유로즈? | 유로로 바꾸어 주시겠어요?

Can you change this to pounds?
캔 유 췌인지 디스 투 파운즈? | 파운드로 바꾸어 주시겠어요?

Can you change this to pesos?
캔 유 췌인지 디스 투 페소스? | 페소로 바꾸어 주시겠어요?

Using Facilities
Dialogues
🔘 9-3

나 근처에 공중 전화가 있나요?
Is there a pay phone around here?
이즈 데얼 어 페이폰 어라운드 히얼?

행인 길 건너에 있어요.
It's across the street.
이츠 어크로스 더 스트릿.

나 전화 카드 한 장 사고 싶어요.
I'd like to buy a calling card.
아이드 라익 투 바이 어 콜링 카드.

점원 여기 있어요.
Here it is.
히얼 잇 이즈.

나 국제 전화를 걸고 싶습니다.
I'd like to make an international call.
아이드 라익 투 메이컨 인터내셔널 콜.

직원 어느 국가로 걸고 싶으시죠?
Which country would you like to call?
위취 컨츄리 우쥬 라익 투 콜?

나 여기서 인터넷을 사용할 수 있나요?
Can I use the Internet here?
캐나이 유즈 디 인터넷 히얼?

직원 네.
Yes.
예스.

나 공짜인가요?
Is it free?
이즈 잇 프리?

직원 아뇨, 시간당 3달러입니다.
No. It is 3 dollars per hour.
노우. 잇 이즈 쓰리 달러즈 퍼 아워.

나 한국어 키보드 있나요?
Do you have Korean keyboards?
두유 해브 코리언 키보즈?

직원 죄송하지만 없습니다.
I'm afraid we don't.
아임 어프레이드 위 돈.

나 프린터를 사용할 수 있나요?
Can I use the printer?
캐나이 유즈 더 프린터?

직원 네. 저기 있습니다.
Yes. It's over there.
예스. 이츠 오버 데얼.

통하는 대화

나 이 엽서를 보내고 싶습니다.
I'd like to send this postcard.
아이드 라익 투 쎈 디스 포스트카드.

직원 어디로요?
To where?
투 웨얼?

나 서울로요.
To Seoul.
투 써울.

나 달러로 바꾸어 주시겠어요?
Can you change this to dollars?
캔 유 췌인지 디스 투 달러즈?

직원 돈을 어떻게 드릴까요?
How would you like your money?
하우 우쥬 라익 유어 머니?

나 소액권으로 주세요.
I'd like small bills, please.
아이드 라익 스몰 빌즈, 플리즈.

Using Facilities
Expressions
🎧 9-4

이런 말을 듣게 돼요!

이 전화로는 국제전화가 안 됩니다.
You cannot make international calls from this phone.
유 캔 낫 메이크 인터내셔널 콜즈 프럼 디스 폰.

분당 50센트입니다.
It's fifty cents per minute.
이츠 피프티 센츠 퍼 미닛.

안에 뭐가 들었죠?
What's inside?
왓츠 인싸이드?

무게를 달아 볼게요.
Let me weigh it.
렛 미 웨이 잇.

저울 위에 올려 주세요.
Put it on the scale, please.
풋 잇 온 더 스케일, 플리즈.

여기에 비밀 번호를 누르세요.
Enter your PIN number here.
엔터 유어 핀 넘버 히얼.

● PIN number : 은행 카드 등의 비밀번호(personal identification number)

필수 표현

일주일 정도 걸릴 겁니다.
It will take about a week.
잇 윌 테익 어바웃 어 윅.

잠깐만 기다리세요.
Hold on, please.
홀드 온, 플리즈.

얼마나 바꿔 드릴까요?
How much would you like to change?
하우 머취 우쥬 라익 투 췌인지?

저희는 한국 원화를 바꿔 드리지 않습니다.
We do not exchange Korean won.
위 두 낫 익스췌인쥐 코리언 원.

1달러 당 1,600원입니다.
It's 1,600 won to the dollar.
이츠 원 싸우전드 씩스 헌쥬레드 원 투 더 달러.

수수료는 없어요.
There's no fee.
데얼즈 노 피.

이게 다인가요?
Will that be all?
윌 댓 비 올?

Using Facilities
Expressions

 9-5

이렇게 말해 보세요!

한국으로 어떻게 전화를 걸죠?
How can I call Korea?
하우 캐나이 콜 코리아?

이 전화로 국제 전화를 할 수 있나요?
Can I make an international call from this phone?
캐나이 메이컨 인터내셔널 콜 프럼 디스 폰?

한국 교환원과 연결해 주실 수 있나요?
Can you connect me to a Korean operator?
캔 유 커넥트 미 투 어 코리언 아퍼레이터?

인터넷 카페는 어디 있나요?
Where is the Internet café?
웨얼 이즈 디 인터넷 캐페이?

한국어 지원되는 컴퓨터가 있나요?
Do you have a computer that supports Korean?
두유 해버 컴퓨터 댓 써포츠 코리언?

컴퓨터가 이상해요.
There's something wrong with the computer.
데얼즈 썸띵 뤙 위더 컴퓨터.

Using Facilities
Expressions

도착하는 데 얼마나 걸릴까요?
How long will it take to arrive?
하우 롱 윌 잇 테익 투 어라이브?

봉투 좀 살 수 있을까요?
Can I buy envelopes?
캐나이 바이 엔벌럽스?

동전 좀 주세요.
I'd like some coins.
아이드 라익 썸 코인즈.

1달러짜리로 주세요.
In singles, please.
인 씽글즈, 플리즈.

원화 대 미국 달러 환율이 어떻게 되나요?
What's the Korean won to the U.S. dollar rate?
왓츠 더 코리언 원 투 디 유에스 달러 레잇?

20달러짜리 6장과 10달러짜리 3장 주세요.
I'd like six twenties and three tens.
아이드 라익 씩스 트웬티즈 앤 쓰리 텐즈.

상관 없어요.
It doesn't matter.
잇 더즌 메러.

필수 표현

다 20달러로 주세요.
All of it in twenties, please.
올 오브 잇 인 트웬티즈, 플리즈.

수수료가 있나요?
Do you charge a service fee?
두 유 촤지 어 서비스 피?

현금을 찾고 싶습니다.
I'd like to withdraw some cash.
아이드 라익 투 윗드로 썸 캐쉬.

- withdraw : 계좌에서 돈을 인출하다

현금 인출기가 어디 있죠?
Where can I find an ATM?
웨얼 캐나이 파인드 언 에이티엠?

- ATM은 현금 자동 입출금기(personal identification number)를 말하며, Cash machine이라고 말하기도 합니다.

Using Facilities
Useful Words

유용한 단어!
공공·편의시설 이용

international call 인터내셔널 콜 | 국제 전화
country code 컨츄리 코드 | 국가 번호
area code 에뤼어 코드 | 지역 번호
extension 익스텐션 | 내선
calling card 콜링 카드 | 전화 카드
local call 로컬 콜 | 시내 통화
long distance call 롱 디스턴스 콜 | 장거리 전화
collect call 컬렉트 콜 | 수신자 부담 전화
cell, cell phone, mobile phone 쎌, 쎌 폰, 모바일 폰 | 휴대폰
star key 스타 키 | 별표(*) 키
pound key 파운드 키 | 우물 정자(#) 키
toll-free number 톨 프리 넘버 | 무료 전화번호
post office 포스트 오피스 | 우체국
express mail 익스프레스 메일 | 빠른 우편
registered mail 레쥐스터드 메일 | 등기 우편
stamp 스탬프 | 우표
postcard 포스트카드 | 엽서
letter 레터 | 편지
package, parcel 패키쥐, 파쓸 | 소포
mailbox 메일 박스 | 우체통
webcam 웹 캠 | 웹캠(컴퓨터에 연결할 수 있는 비디오 카메라)
Internet cable 인터넷 케이블 | 인터넷 케이블
small bill 스몰 빌 | 소액권
large bill 라쥐 빌 | 고액권
check 체크 | 수표
cash 캐쉬 | 현금
coin 코인 | 동전
bill 빌 | 지폐
exchange 익스췌인지 | 환전
ATM 에이티엠 | 자동 인출기

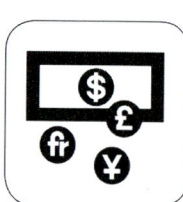

Tips

Using Facilities

알아 두면 좋아요!
공공·편의시설 이용

국제 전화 카드

국제 전화 카드를 공항에서 사 두는 것도 좋은데요. 카드에 어떻게 전화를 거는지 설명이 잘 되어 있답니다. 몇 번을 누르고 국가 코드를 찾아서 누르고 전화 번호를 누른다. 이런 식으로 설명대로만 따라 하면 됩니다.

외국에서의 인터넷 사용

우리나라는 인터넷 강국입니다. 세계 어느 나라에 가도 우리나라처럼 인터넷이 빠르고 PC방이 많은 나라를 찾아보기 힘들답니다. 외국에서 인터넷 카페에 가게 된다면 요금제를 확인하세요. 10분 단위로 요금을 매기는 곳이 많거든요. 요금도 우리나라처럼

저렴하지 않고 속도도 느립니다. 또 호텔 방에서도 인터넷을 쓸 수는 있는데 요금을 내야 하는 경우도 많고요. 어떤 호텔이나 리조트에서는 컴퓨터를 쓸 수 있는 곳이 따로 있기도 합니다.

10

**웬만한 여행영어
단어로 통한다**

귀국항기

귀국하기

Homecoming

Words 단어만으로도 말이 되네!
Patterns 한 가지 패턴으로 여러가지 말을!
Dialogues 상황별 필수 대화!
Expressions 필수 표현!
Useful Words 유용한 단어!
Tips 알아 두면 좋아요!

귀국하기

Homecoming
Words

 10-1

1. **예약을 재확인하고 싶을 때 항공사 직원에게**

   ## Reconfirm my reservation.
   리컨펌 마이 레저베이션. | 예약 확인해 주세요.

   ☞ I'd like to reconfirm my reservation.
   아이드 라익 투 리컨펌 마이 레저베이션. | 예약을 재확인하고 싶습니다.

2. **예약을 변경/취소하고 싶을 때 항공사 직원에게**

   ## Change/Cancel my reservation.
   췌인지/캔슬 마이 레저베이션. | 예약 변경/취소해 주세요.

   ☞ I'd like to change/cancel my reservation.
   아이드 라익 투 췌인지/캔슬 마이 레저베이션. | 예약을 변경/취소하고 싶습니다.

3. **예약 번호를 말할 때**

   ## It's SJ 23186D.
   이츠 에스제이 투쓰리원에잇씩스디. | SJ 23186D예요.

   ☞ My reservation number is SJ 23186D.
   마이 레저베이션 넘버 이즈 에스제이 투쓰리원에잇씩스디.

   | 제 예약 번호는 SJ 23186D입니다.

4. **출발 날짜를 바꾸고 싶을 때**

   ## Change departure date.
   췌인지 디파춰 데잇. | 출발 날짜를 변경해 주세요.

   I'd like to change my departure date.
   아이드 라익 투 췌인지 마이 디파춰 데잇. | 제 출발 날짜를 변경하고 싶어요.

5. 탑승 수속을 밟고 싶을 때

Check-in, please.
체킨, 플리즈. | 탑승 수속이요.

I'd like to check in, please.
아이드 라익 투 체킨, 플리즈. | 탑승 수속을 하고 싶습니다.

---

6. 내 가방이 중량 초과인지 묻고 싶을 때

Overweight?
오버웨잇? | 중량 초과인가요?

Are my bags overweight?
아 마이 백스 오버웨잇? | 제 가방이 중량 초과인가요?

---

7. 좌석 승급이 가능한지 물을 때

Can I upgrade?
캐나이 업그레이드? | 좌석 승급이 가능한가요?

Can I get an upgrade to business class?
캐나이 겟 언 업그레이드 투 비즈니스 클래스?
| 비즈니스 클래스로 승급이 가능한가요?

---

8. 창가 좌석으로 달라고 말할 때

Window seat.
윈도우 씨잇. | 창가 좌석이요.

☞ I'd like a window seat.
아이드 라이커 윈도우 씨잇. | 창가 좌석으로 주세요.

Homecoming
Patterns

 10-2

Can I _____? 캐나이 ~? | ~해도 될까요?

Can I **use this coupon**?
캐나이 유즈 디스 쿠폰 | 쿠폰을 사용해도 될까요?

Can I **carry this on board**?
캐나이 캐리 디스 온 보드 | 이것을 기내에 휴대해도 될까요?

Can I **still get a ticket**?
캐나이 스틸 겟 어 티킷 | 아직 표를 살 수 있습니까?

Can I **buy duty-free items**?
캐나이 바이 듀티 프리 아이템즈? | 면세품을 살 수 있습니까?

Can I change my _____?
캐나이 췌인지 마이 ~? | ~을 변경할 수 있나요?

Can I change my **departure date**?
캐나이 췌인지 마이 디파춰 데잇? | 출발 날짜를 변경할 수 있나요?

Can I change my **seat**?
캐나이 췌인지 마이 씨잇? | 좌석을 변경할 수 있나요?

Can I change my **seat to the front row**?
캐나이 췌인지 마이 씨잇 투더 프런트 로우? | 앞자리로 바꿀 수 있나요?

Can I change my **flight time**?
캐나이 췌인지 마이 플라잇 타임? | 비행편 시간을 변경할 수 있나요?

한 가지 패턴으로 여러가지 말을!
통하는 패턴

I'd like to _____ my flight.
아이드 라익 투 ~ 마이 플라잇 | 제 항공편을 ~하고 싶습니다.

I'd like to **reconfirm** my flight.
아이드 라익 투 리컨펌 마이 플라잇. | 제 항공편을 재확인하고 싶습니다.

I'd like to **change** my flight.
아이드 라익 투 췌인지 마이 플라잇. | 제 항공편을 변경하고 싶습니다.

I'd like to **cancel** my flight.
아이드 라익 투 캔슬 마이 플라잇. | 제 항공편을 취소하고 싶습니다.

Where is _____?
웨얼 이즈 ~? | ~는 어디 있나요?

Where is **the Korean Air counter**?
웨얼 이즈 더 코리언 에어 카운터? | 대한항공 카운터는 어디 있나요?

Where is **Gate 10**?
웨얼 이즈 게이트 텐? | 10번 게이트는 어디 있나요?

Where is **the duty free shop**?
웨얼 이즈 더 듀티 프리 샵? | 면세점은 어디 있나요?

Homecoming
Dialogues

 10-3

나 제 항공편을 재확인하고 싶습니다.
I'd like to reconfirm my flight.
아이드 라익 투 리컨펌 마이 플라잇.

직원 예약 번호가 있으신가요?
Do you have your reservation number?
두 유 해브 유어 레저베이션 넘버?

나 SJ 23186D에요.
It's SJ 23186D.
이츠 에스제이 투쓰리원에잇씩스디.

직원 8월 5일 출발, 항공편 OJ212로 예약 확인되었습니다.
Your flight is confirmed for August 5th, flight OJ212.
유어 플라잇 이즈 컨펌드 포 어거스트 핍쓰, 플라잇 오제이 투원투.

나 출발 날짜를 바꿀 수 있을까요?
Can I change my departure date?
캐나이 췌인지 마이 디파춰 데잇?

직원 어느 날짜로 변경하고 싶으신가요?
For which date would you like to reschedule your flight?
포 위치 데이트 우쥬 라익 투 뤼스케쥴 유어 플라잇?

나 9월 3일이요.
September 3rd.
쎕템버 떨드.

상황별 필수 대화!
통하는 대화

나   체크인이요.

Check-in, please.

췌킨 플리즈.

직원   여권과 티켓 주시겠습니까?

May I have your passport and your ticket, please?

메이 아이 해브 유어 패스포트 앤 유어 티킷, 플리즈?

나   여기요

Here you go.

히얼 유 고우.

직원   창가 좌석과 통로 좌석 중 어디로 드릴까요?

Would you like a window seat or an aisle seat?

우쥬 라이커 윈도우 씨잇 오어 언 아일 씨잇?

나   창가 좌석으로 주세요.

I'd like a window seat.

아이드 라이커 윈도우 씨잇.

직원   부칠 짐 있으신가요?

Any baggage to check?

애니 배기쥐 투 췌크?

나   네.

Yes.

예스.

Homecoming
Dialogues
🔘 10-3

직원 여기 짐을 올려 놓으세요.
Put your baggage here, please.
풋 유어 배기쥐 히얼, 플리즈.

나 제 가방이 중량 초과인가요?
Are my bags overweight?
아 마이 백스 오버웨잇?

직원 아니요.
No.
노우.

나 10번 게이트는 어디 있나요?
Where is Gate 10?
웨얼 이즈 게잇 텐?

직원 이쪽으로 쭉 가세요.
Go straight this way.
고우 스트레잇 디스 웨이.

나 이것을 기내에 휴대해도 될까요?
Can I carry this on board?
캐나이 캐리 디스 온 보드?

직원 네, 가능합니다.
Yes, you can.
예스, 유 캔.

상황별 필수 대화!
통하는 대화

안내방송 인천행 싱가포르 에어라인 102편을 이용하시는 승객께서는 11번 게이트에서 탑승이 시작되었습니다.

Departing passengers on Singapore Airlines Flight 102 for Incheon are now boarding at Gate 11.

디파팅 패씬져스 온 싱가폴 에어라인스 플라잇 원오투 포 인천 아 나우 보딩 앳 게잇 일레븐.

나 여기가 인천으로 가는 탑승구인가요?

Is this the gate for Incheon?

이즈 디스 더 게이트 포 인천?

직원 네. 맞습니다.

Yes. Right.

예스. 롸잇.

나 저 사람과 일행인데, 자리를 좀 바꿔 주실래요?

I'm with him. Do you mind switching seats with me?

아임 위드 힘. 두 유 마인드 스윗칭 씨잇츠 위드 미?

- switch 역할이나 자리 등을 서로 맞바꿀 때 쓰는 표현

승객 물론입니다.

OK, sure.

오케이, 슈얼.

Homecoming
Expressions
 10-4

이런 말을 듣게 돼요!

성함을 말씀해 주시겠어요?
May I have your name, please?
메이 아이 해브 유어 네임, 플리즈?

출발일이 언제입니까?
When are you leaving?
웬 아유 리빙?

도착지는요?
Your destination?
유어 데스티네이션?

그 항공편은 예약이 다 찼습니다.
That flight is fully booked.
댓 플라잇 이즈 풀리 북트.

그 항공편은 빈 좌석이 없습니다.
There are no vacant seats on that flight.
데얼 아 노우 베이컨트 씨잇츠 온 댓 플라잇.

17번 게이트로 가세요.
Please go to Gate 17.
플리즈 고우 투 게잇 세븐틴.

필수 표현

적어도 출발 1시간 30분 전에 탑승 수속을 해 주십시오.

Please check in at least one and a half hours before departure time.

플리즈 췌킨 앳 리스트 원 앤 어 해프 아워즈 비포 디파춰 타임.

현지 시각으로 오후 2시 반에 인천에 도착할 예정입니다.

You'll be arriving in Incheon at 2:30 p.m. local time.

유일 비 어라이빙 인 인천 앳 투 썰티 피엠 로컬 타임.

이 가방 안에 깨질 물건이 있으세요?

Anything fragile in this bag?

애니띵 프래쥘 인 디스 백?

손님께서 타실 비행기가 연착되었습니다.

Your flight is delayed.

유어 플라잇 이즈 딜레이드.

가방이 몇 개이시죠?

How many bags do you have?

하우 매니 백스 두유 해브?

모두 가지고 타실 건가요?

Are these all carry-on?

아 디즈 올 캐리온?

 Homecoming
Expressions
 10-5

이렇게 말해 보세요!

오픈 티켓을 가지고 있습니다.
I've got an open ticket.
아이브 갓 언 오픈 티킷.

대기자 명단에 올려 주시겠어요?
Can you put me on the waiting list?
캔 유 풋 미 온 더 웨이팅 리스트?

저녁 비행기면 좋겠습니다.
I prefer an evening flight.
아이 프리퍼 언 이브닝 플라잇.

3일 더 있다가 출발하고 싶어요.
I want to leave three days later.
아이 원투 리브 쓰리 데이즈 레이러.

11일이 아니라 10일에 떠나고 싶습니다.
I'd like to depart on the 10th, not on the 11th.
아이드 라익 투 디팔트 온 더 텐쓰, 낫 온 디 일레븐쓰.

예약 변경하는 데 위약금이 있나요?
Is there any penalty for changing my reservation?
이즈 데얼 애니 페널티 포 췌인징 마이 레저베이션?

필수 표현

12월 15일로 변경하고 싶습니다.
I'd like to change it to December 15th.
아이드 라익 투 췌인지 잇 투 디쎔버 피프틴쓰.

기내 앞줄 좌석으로 주실래요?
Can I get a seat in the front section of the plane?
캐나이 겟 어 씨잇 인 더 프런트 쎅션 옵더 플레인?

제 친구 옆 좌석으로 주실래요?
Can you put me next to my friend?
캔유 풋 미 넥스투 마이 프렌드?

서울로 돌아갑니다.
I'm going back to Seoul.
아임 고잉 백 투 써울.

무게 제한이 얼마인가요?
What's the weight limit?
왓츠 더 웨잇 리밋?

추가 운임이 얼마죠?
How much is the extra charge?
하우 머취 이즈 디 엑스트라 촤지?

왜 탑승이 늦어지고 있나요?
Why is boarding delayed?
와이 이즈 보딩 딜레이드?

Homecoming
Useful Words

유용한 단어!
귀국하기 10-6

confirm 컨펌 | 확인하다
reconfirm 리컨펌 | 재확인하다
upgrade 업그레이드 | 업그레이드하다
e-ticket 이 티킷 | 전자 티켓
airline 에어라인 | 항공사
airport tax 에어포트 택스 | 공항세
departure 디파쳐 | 출발
arrival 어롸이벌 | 도착
passport 패스포트 | 여권
boarding pass 보딩 패스 | 탑승권
boarding time 보딩 타임 | 탑승 시간
suitcase 슛케이스 | 여행 가방
seat number 씨잇 넘버 | 좌석 번호
prohibited articles 프로히비티드 아티클즈 | 반입 금지품
liquid 리퀴드 | 액체
aerosol 에러솔 | 분무제
sharp item 샵 아이템 | 날카로운 흉기
overweight 오버웨잇 | 중량 초과
fragile 프래쥘 | 파손 주의
baggage 배기쥐 | 짐
baggage claim tag 배기쥐 클레임 택 | 수하물 보관증
baggage carrier 배기쥐 캐리어 | 카트
baggage carousel 배기쥐 캐러쉘 | 수하물 컨베이어
baggage claim area 배기쥐 클레임 에뤼어 | 수하물 수취대
mileage 마일리쥐 | 마일리지
metal detector 메틀 디텍터 | 금속 탐지기
duty-free shop 듀티 프리 샵 | 면세점
gift-wrap 기프트 뢥 | 선물 포장을 하다
waiting room 웨이팅 룸 | 대합실
quarantine 쿼런틴 | 검역
customs 커스텀즈 | 세관

Homecoming
Tips

알아 두면 좋아요!
귀국하기

오픈티켓

오픈티켓(Open Ticket 오우픈 티킷)이란 '날짜가 예약되지 않은 항공권'을 말합니다. 오픈티켓이 있는 경우 항공사에 전화해서 "I have an open ticket.(아이 해브 언 오우픈 티킷.)"이라고 하면 항공사에서 목적지(Destination 데스티네이션)와 출발일을 물어 예약을 해 줍니다. 이때 오후 비행기가 더 좋을 경우, "I prefer an afternoon flight.(아이 프리퍼 언 애프터누운 플라잇.)"라고 하면 됩니다.

좌석 승급 받기

비행기를 많이 이용하여 마일리지가 쌓였을 경우 마일리지를 이용해서 좌석을 승급받을 수가 있는데요, 이럴 때 사용할 수 있는 표현이 "Can I get an upgrade to business class?(캔 아이 겟 언 업그레이드 투 비즈니스 클래스? | 비즈니스 클래스로 업그레이드 해 주실 수 있나요?)"입니다. 혹은 운이 좋은 경우, 자신이 탈 비행기의 비즈니스 클래스에 빈자리가 있으면 체크인을 할 때 직원이 업그레이드를 해 주는 경우도 있습니다. 저도 런던에서 서울까지 장거리 비행을 공짜로 업그레이드 받은 적이 있었는데 정말 기분 좋았답니다.

수하물 제한 사항

짐을 부칠 때 가방 개수와 무게에 제한을 두는 항공사들이 많은데요. 그래서 대비를 해 두셔야 합니다. 짐을 여러 개 부치려 했다가 제한에 걸려 수속을 하는 자리에서 가방을 합치느라 곤욕스러운 경우가 있거든요. 항공사별로 제한 사항을 알아두면 편리하겠죠. 항공사에 따라 추가로 부치는 짐에 추가 비용을 요구하는 경우도 있습니다.

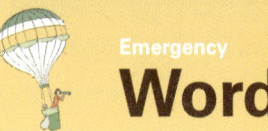

Emergency Words 11-1

1. 가방을 잃어버렸다고 말할 때

Lost my bag.
로스트 마이 백. | 제 가방을 잃어버렸어요.

☞ I lost my bag.
아이 로스트 마이 백. | 제 가방을 잃어버렸어요.

---

2. 열이 난다고 의사나 약사에게 말할 때

A fever.
어 피버. | 열이요.

☞ I have a fever.
아이 해버 피버. | 저 열이 나요.

---

3. 기침이 난다고 의사나 약사에게 말할 때

A cough.
어 코프. | 기침이요.

☞ I have a cough.
아이 해버 코프. | 저 기침이 나요.

---

4. 반창고를 달라고 말할 때

A Band-Aid.
어 밴드 에이드. | 반창고요.

☞ I need a Band-Aid.
아이 니드 어 밴드 에이드. | 반창고 좀 주세요.

단어만으로도 말이 되네!
통하는 단어

5. 진통제가 있느냐고 물을 때

   ### Painkillers?
   페인킬러즈? | 진통제 있나요?

   ☞ Do you have some painkillers?
   두유 해브 썸 페인킬러즈? | 진통제 있나요?

---

6. 관광객이라고 말할 때

   ### Tourist.
   투어리스트. | 관광객이요.

   ☞ I'm a tourist.
   아임 어 투어리스트. | 저는 관광객입니다.

---

7. 길을 잃었다고 말할 때

   ### I'm lost.
   아임 로스트. | 길을 잃었어요.

   ☞ I think I'm lost.
   아이 띵크 아임 로스트. | 길을 잃은 것 같아요.

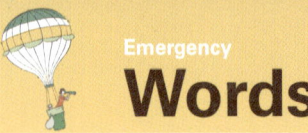 Emergency **Words** 11-1

8. 택시 기사에게 서둘러 달라고 말할 때

   Hurry.
   허뤼. | 서둘러요.

   ☞ I'm in a hurry.
   아임 이너 허뤼. | 전 급합니다.

---

9. 이해가 되지 않는다고 말할 때

   Don't understand.
   돈 언더스탠드. | 이해가 안 돼요.

   ☞ I don't understand.
   아이 돈 언더스탠드. | 전 이해가 안 돼요.

---

10. 잘못이 없다고 말할 때

    Innocent
    이너슨트. | 잘못 없어요.

    ☞ I'm innocent.
    아임 이너슨트. | 전 잘못이 없어요.

---

11. 화장실이 어디 있냐고 물어볼 때

    Restroom?
    레스트룸? | 화장실, 어디죠?

    ☞ Where is the restroom?
    웨얼 이즈 더 레스트룸? | 화장실이 어디 있나요?

단어만으로도 말이 되네!
통하는 단어

12. 휴지를 달라고 할 때

Toilet paper.
토일렛 페이퍼. | 휴지요.

☞ I need toilet paper.
아이 니드 토일렛 페이퍼. | 휴지 좀 주세요.

---

13. 내려야 할 정거장을 놓쳤다고 말할 때

Missed my stop.
미쓰드 마이 스탑. | 정거장을 놓쳤어요.

☞ I missed my stop.
아이 미쓰드 마이 스탑. | 저는 정거장을 놓쳤어요.

---

14. 방 문이 잠겨서 못 들어갈 때

Locked out.
락트 아웃. | 문이 잠겼어요.

☞ I'm locked out.
아임 락트 아웃. | 문이 잠겨서 못 들어가고 있어요.

☞ I left my key in the room.
아이 레프트 마이 키 인 더 룸. | 방에 열쇠를 두고 나왔어요.

Emergency
Patterns
 11-2

I have _____. 아이 해브 ~ | ~가 있어요.

I have **a headache**.
아이 해브 어 헤데익. | 두통이 있어요.

I have **a fever**.
아이 해브 어 피버. | 열이 있어요.

I have **a runny nose**.
아이 해브 어 러니 노우즈. | 콧물이 나요.

I have **a sore throat**.
아이 해브 어 쏘얼 뜨로우트. | 인후통이 있어요.

I have **diarrhea**.
아이 해브 다이어리어. | 설사가 나요.

I have **indigestion**.
아이 해브 인디췌스쿈. | 소화불량이에요.

My _____ hurt(s). 마이 ~ 헐트(츠) | 제 ~가 아파요.

My **knees** hurt.
마이 니즈 헐트. | 무릎이 아파요.

My **back** hurts.
마이 백 헐츠. | 허리가 아파요.

My **shoulders** hurt.
마이 숄더즈 헐트. | 어깨가 아파요.

My **hip** hurts.
마이 힙 헐츠. | 엉덩이가 아파요.

254

한 가지 패턴으로 여러가지 말을!
통하는 패턴

I need _____. 아이 니드~ | ~ 좀 주세요.

I need **a painkiller**.
아이 니드 어 페인킬러. | 진통제 좀 주세요.

I need **ointment**.
아이 니드 오인트먼트. | 연고 좀 주세요.

I need **a Band-Aid**.
아이 니드 어 밴드 에이드. | 반창고 좀 주세요.

I need **bandage**.
아이 니드 밴디쥐. | 붕대 좀 주세요.

I need **cold medicine**.
아이 니드 콜드 메디쓴. | 감기약 좀 주세요.

I lost my _____. 아이 로스트 마이~ | 제 ~를 잃어버렸어요.

I lost my **bag**.
아이 로스트 마이 백. | 가방을 잃어버렸어요.

I lost my **purse**.
아이 로스트 마이 펄쓰. | 핸드백을 잃어버렸어요.

I lost my **wallet**.
아이 로스트 마이 왈릿. | 지갑을 잃어버렸어요.

I lost my **passport**.
아이 로스트 마이 패스포트. | 여권을 잃어버렸어요.

I lost my **ticket**.
아이 로스트 마이 티킷. | 표를 잃어버렸어요.

Emergency
Dialogues

 11-3

나   죄송합니다. 길을 잃었어요.
Excuse me. I'm lost.
익스큐즈 미. 아임 로스트.

행인   어디 찾으세요?
Where are you trying to go?
웨얼 아 유 츄라잉 투 고우?

나   백화점을 찾고 있어요.
I'm looking for a department store.
아임 루킹 포 어 디파트먼트 스토어.

나   반창고 좀 주세요.
I need a Band-Aid.
아이 니드 어 밴드 에이드.

약사   여기요. 뭐 다른 것 필요하신 건 없나요?
Here you go. Need anything else?
히얼 유 고우. 니드 애니띵 엘스?

나   두통이 있는데 진통제 있나요?
I have a headache. Do you have a painkiller?
아이 해버 헤데익. 두 유 해버 페인킬러?

의사   어디가 아프시죠?
What seems to be the problem?
왓 심즈 투 비 더 프라블럼?

256

나	기침이 나오고 목이 아파요.
	I have a cough and a sore throat.
	아이 해버 코프 앤 어 쏘얼 뜨로우트.

경찰관	속도 위반 하셨습니다.
	You exceeded the speed limit.
	유 익씨디드 더 스피드 리밋.
나	죄송합니다. 몰랐어요.
	I'm sorry. I didn't know.
	아임 쏘리. 아이 디든 노우.
경찰관	신분증 보여 주세요.
	Show me your ID, please.
	쇼우 미 유어 아이디, 플리즈.
나	관광객이에요. 여기 여권 있습니다.
	I'm a tourist. Here's my passport.
	아임 어 투어리스트. 히얼즈 마이 패스포트.
경찰관	이번에는 봐 드릴게요. 다음부터 주의하세요.
	I'll let you go this time. Be careful.
	아일 렛 유 고우 디스 타임. 비 케어풀.

상황별 필수 대화!
통하는 대화

나　실례합니다. 화장실이 어디 있나요?
Excuse me. Where is the restroom?
익스큐즈 미. 웨얼 이스 더 레스트룸?

행인　직진하시면 기차역이 보여요. 거기에 있습니다.
Go straight and you'll find a train station. You can find it there.
고우 스트레잇 앤 유일 파인더 츄레인 스테이션. 유 캔 파인딧 데얼.

나　고맙습니다.
Thank you.
땡큐.

나　가방을 잃어버렸어요.
I lost my bag.
아이 로스트 마이 백.

직원　가방이 어떻게 생겼죠?
What does your bag look like?
왓 더즈 유어 백 룩 라이크?

나　갈색 사각형 가방이에요.
It's a brown rectangular bag.
이츠 어 브라운 렉탱귤러 백.

Emergency **Expressions** 11-4

이런 말을 듣게 돼요!

증상이 어떻게 되시죠?
What are your symptoms?
왓 아 유어 심틈즈?

언제부터 아프셨죠?
When did it begin?
웬 디드잇 비긴?

한 번에 두 알씩 드세요.
Take two pills at a time.
테익 투 필즈 앳 어 타임.

식후에 드세요.
Take this after meals.
테익 디스 애프터 밀즈.

언제 어디서 잃어버리셨나요?
When and where did you lose it?
웬 앤 웨얼 디쥬 루즈 잇?

이것이 당신 것인가요?
Is this yours?
이즈 디스 유얼즈?

Emergency Expressions

 11-5

이렇게 말해 보세요!

감기에 걸렸어요.
I have a cold.
아이 해버 콜드.

몸살이 있어요.
I ache all over.
아이 에익 올 오버.

왼쪽 다리가 골절되었어요.
My left leg is broken.
마이 레프트 레그 이즈 브로큰.

손목을 삐었어요.
I sprained my wrist.
아이 스프레인드 마이 뤼스트.

긴급 상황이에요.
It's the emergency.
이츠 디 이멀전씨.

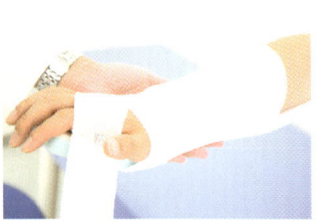
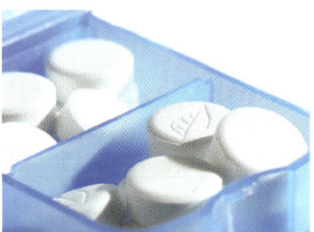

260

필수 표현

여기서 가방 못 보셨나요?
Have you seen a bag here?
해뷰 씬 어 백 히얼?

분실물 센터가 어디 있죠?
Where is the lost and found?
웨얼 이즈 더 로스트 앤 파운드?

찾으시면 이 번호로 연락 주세요.
If you find it, call me at this number, please.
이프 유 파인딧, 콜 미 앳 디스 넘버, 플리즈.

제 가방을 찾으러 왔어요.
I'm here to pick up my purse.
아임 히얼 투 피컵 마이 펄쓰.

도둑이야!
Thief!
띠프!

소매치기야!
Pickpocket!
픽파킷!

경찰을 불러 주세요.
Call the police.
콜 더 폴리스.

Emergency
Expressions

한 번만 봐 주세요.
Give me a break.
김 미 어 브레익.

비행기를 놓쳤어요.
I lost my flight.
아이 로스트 마이 플라잇.

ABC 호텔을 찾고 있어요.
I'm trying to go to ABC hotel.
아임 츄라잉 투 고우 투 에이비씨 호텔.

ABC 박물관에 어떻게 가나요?
How can I get to ABC museum?
하우 캐나이 겟투 에이비씨 뮤지엄?

세워 주세요.
Stop the car, please.
스탑 더 카, 플리즈.

한국 대사관(영사관)에 연락하고 싶어요.
I want to contact the Korean Embassy (Consulate).
아이 원투 컨택 더 코리언 앰버씨(칸설러트).

필수 표현

벌금이 얼마인가요?
How much is the fine?
하우 머취 이즈 더 파인?

- fine : 벌금, 벌금을 부과하다.
  - a parking fine (주차 위반 벌금)
  - I was fined for speeding. (나는 과속으로 벌금을 부과 받았다.)

변호사를 구하고 싶어요.
I want a lawyer.
아이 원 어 로이어.

불법인지 몰랐어요.
I didn't know it was illegal.
아이 디든 노우 잇 워즈 일리걸.

전 하지 않았습니다.
I didn't do it.
아이 디든 두 잇.

한 번 더 설명해 주시겠어요?
Can you explain one more time?
캔 유 익스플레인 원 모어 타임?

Emergency
Useful Words

유용한 단어!
돌발 상황 11-6

hospital 하스피를 | 병원
pharmacy, drugstore 파머시, 쥬러스토어 | 약국
medicine 메디쓴 | 약
pill 필 | 알약
syrup 시뤕 | 시럽
bandage 밴디쥐 | 붕대
Band-Aid 밴드 에이드 | 반창고
fever 피버 | 열
runny nose 러니 노우즈 | 콧물
nosebleed 노우즈블리드 | 코피
indigestion 인다이줴스쳔 | 소화불량
vomit 바밋 | 구토하다
fracture 프랙춰 | 골절
sprain, twist 스프레인, 트위스트 | 삐다
steal 스틸 | 훔치다
robber 라버 | 강도
thief 띠프 | 도둑
pickpocket 픽파킷 | 소매치기
cash 캐쉬 | 현금
valuables 밸류어블즈 | 귀중품
jewelry 쥬얼러리 | 보석
bag 백 | 가방
purse 펄쓰 | 핸드백
wallet 왈릿 | 지갑
lost and found 로스트 앤 파운드 | 분실물 센터

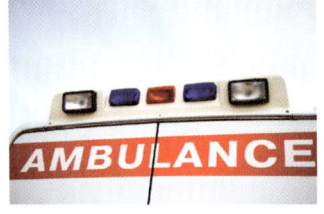

Emergency
Tips

알아 두면 좋아요!
돌발 상황

소매치기
관광지에서는 항상 지갑과 가방을 조심하셔야 합니다. 소매치기(pickpocket 픽포킷)들이 많기 때문이죠. 항상 지갑이 있는지 확인하세요. 그리고 여권을 분실했을 경우에는 바로 경찰서와 한국대사관에 신고를 해야 합니다. 혹시나 길에서 소매치기를 당했을 경우에는 "I had my bag stolen.(아이 해드 마이 백 스톨른. | 가방을 누가 훔쳐갔어요.)"라고 말하면 되고, 지갑을 가지고 달아나는 소매치기를 본 경우에는 "A pickpocket! He took my bag!(어 픽포킷! 히 툭 마이 백! | 소매치기야! 저 사람이 내 가방을 갖고 갔어요!)"라고 외치면 주위 사람들이 도움을 줄 수 있겠죠.

일반 약품 구매
한국과 마찬가지로 다른 여러 국가들에서도 약국에서 아스피린, 타이레놀 같은 일반 약품을 의사의 처방전(Prescription 프리스크립션) 없이 살 수 있습니다. 그런데 미국에서는 슈퍼마켓에서 이런 일반 약품도 판매합니다. 그래서 한국에 관광 온 미국인들은 한국의 슈퍼마켓에 약이 없는 것을 의아해 한다고 하네요.

화장실 사용
유럽에는 유료 화장실이 많습니다. 거의 모든 역, 공중 화장실, 고속도로 휴게실의 화장실이 유료인 경우가 많습니다. 금액은 화장실마다 다른데, 최저 금액을 써 놓은 곳도 있고 원하는 금액을 내면 되는 곳도 있습니다. 그렇기 때문에 무료로 화장실을 이용할 수 있는 곳이 있으면 적극적으로 사용하는 것도 생활의 지혜랍니다.

Subway Map 주요 도시 지하철 노선도

뉴욕 지하철

도쿄 지하철

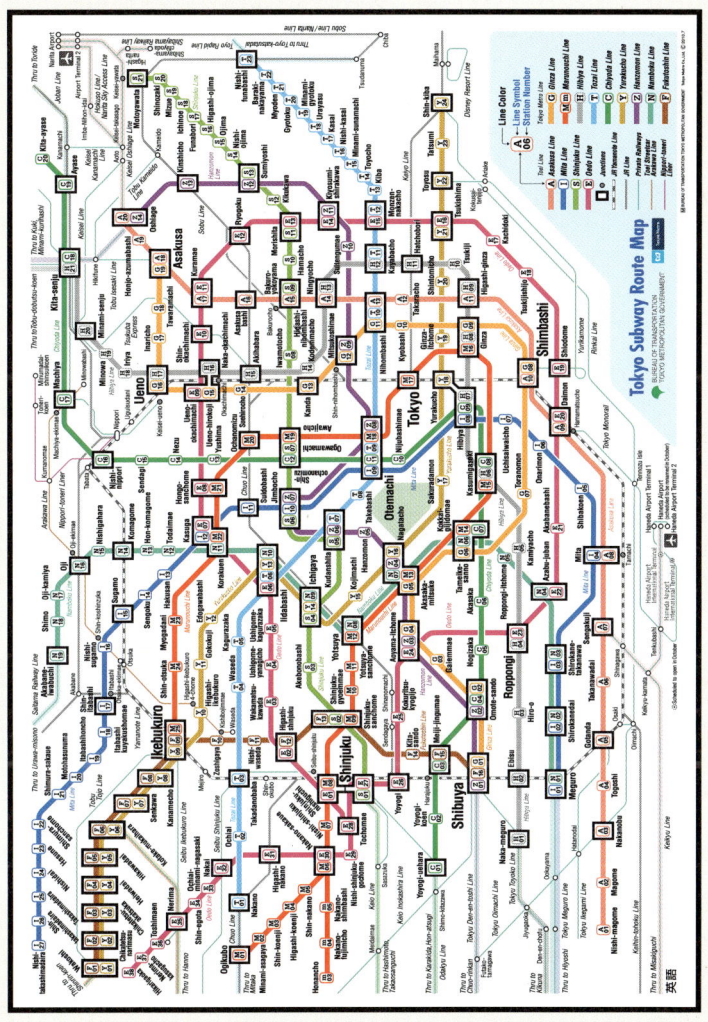

런던 지하철

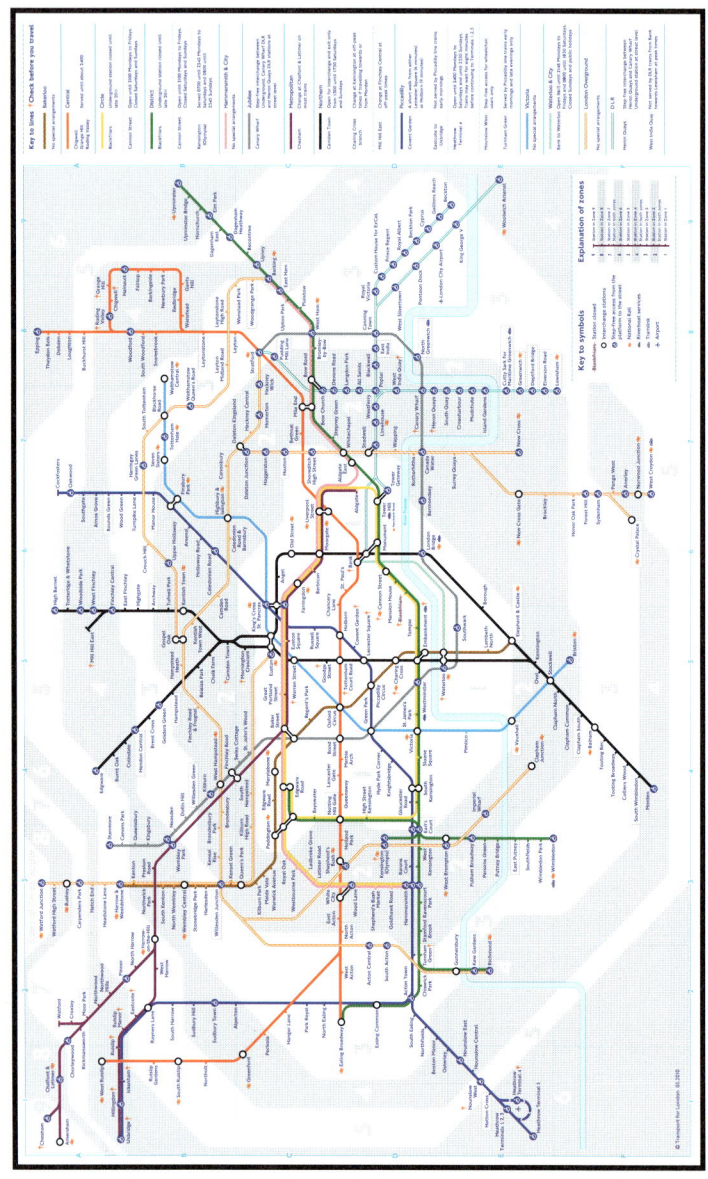

파리 지하철

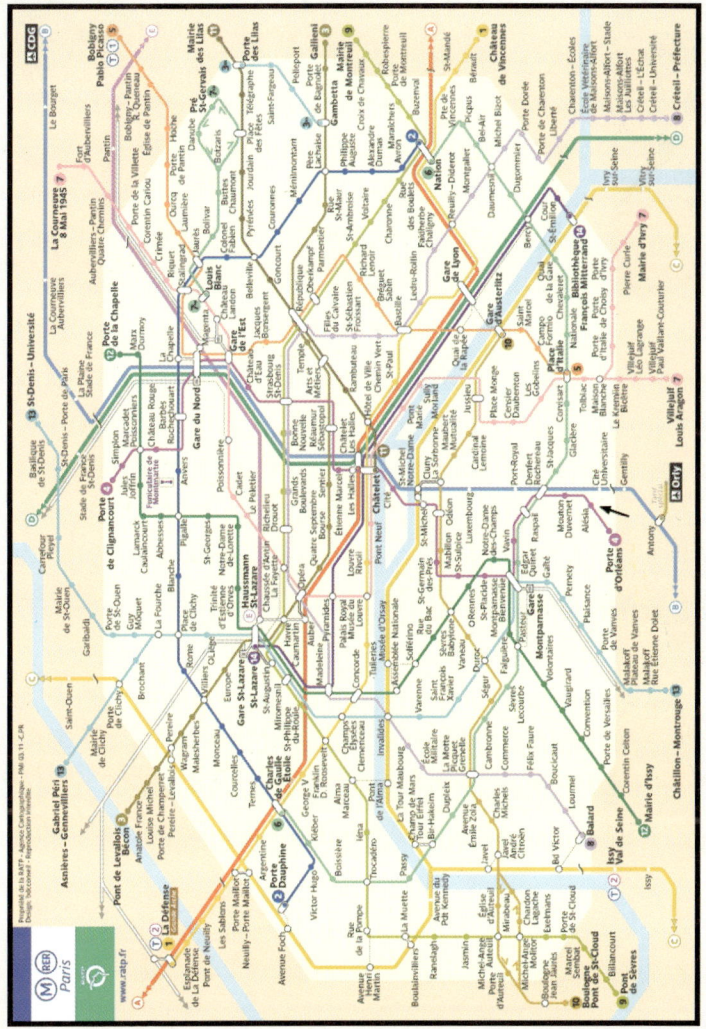

홍콩 지하철

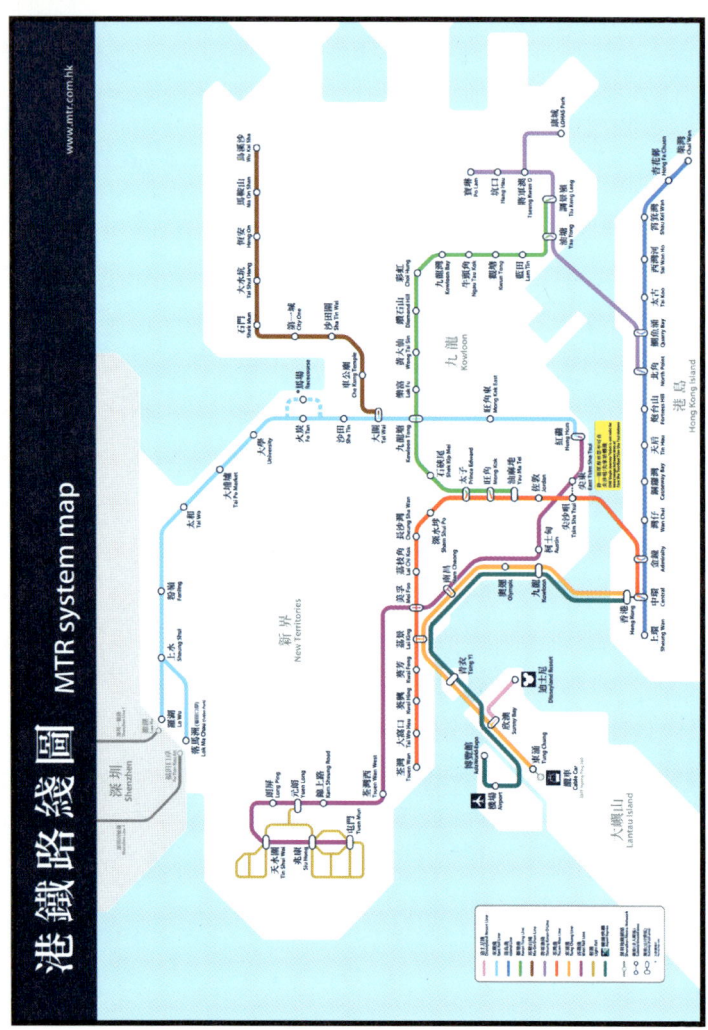

시드니 지하철

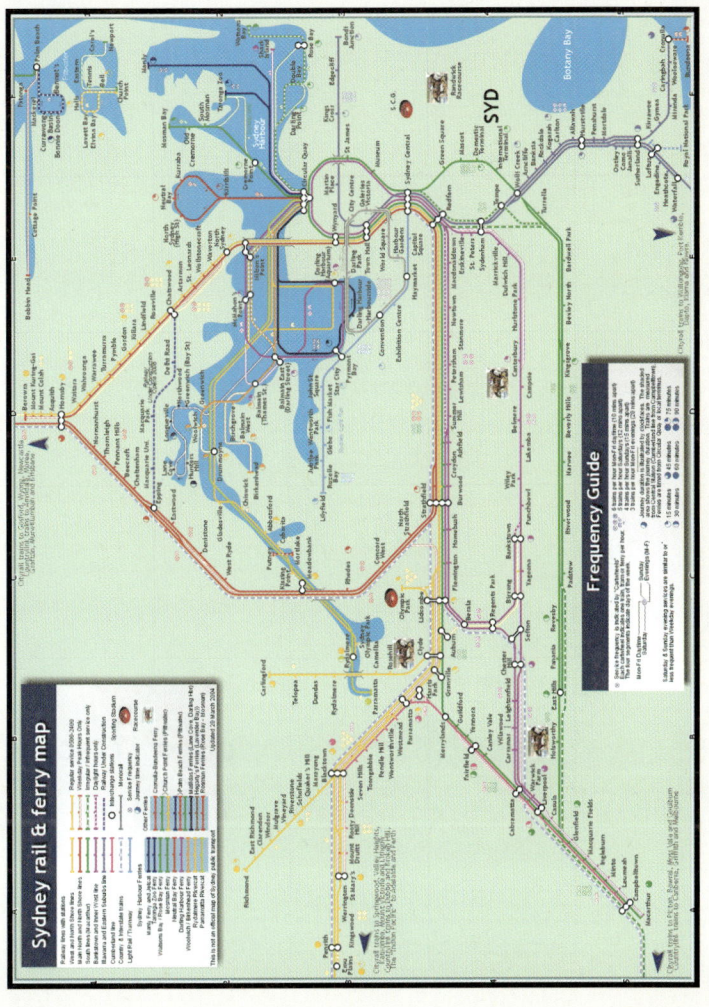